岳人憧れの秘境

黒部源流と大峡谷を行く

栗田貞多男

世界文化社

黒部峡谷(南部)

黒部源流 ～ 奥ノ廊下 ～ 上ノ廊下 ～ 黒部ダム

N
前剱
剱御前
別山
黒部別山
丸山
旧日電歩道
白竜峡
棒小屋沢
爺ヶ岳
2,670
〈注意〉
下ノ廊下は
秋の限定期間
のみ開通
奥大日岳
立山
真砂岳
富士ノ折立
至 美女平
弥陀ヶ原
室堂
大汝山
3,015
鳴沢岳
岩小屋沢岳
3,003
雄山
黒部ダム
赤沢岳
扇沢
〈立山黒部
アルペンルート〉
龍王岳
御山谷
黒部湖
鷲岳
室堂～薬師岳～薬師沢
コース
平ノ渡
針ノ木岳
2,821
蓮華岳
至 大町市
針ノ木谷
北葛岳
越中沢岳
富山県
船窪岳
七倉岳
廊下沢
下の黒
ビンガ
上の黒
ビンガ
南沢岳
不動岳
間山
折立
上ノ廊下
烏帽子岳
2,628
七倉ダム
金作谷
薬師岳
2,926
赤牛岳
2,864
高瀬ダム～裏銀座
コース
折立～
太郎兵衛平
～薬師沢
コース
東沢谷
三ツ岳
高瀬ダム湖
太郎兵衛平
奥ノ廊下
岩苔小谷
読売新道
コース
裏銀座コース
高瀬～湯俣コース
長野県
薬師沢
水晶岳
(黒岳)
2,986
野口五郎岳
2,924
雲ノ平
真砂岳
2,862
燕岳
2,763
北ノ俣岳
(上ノ岳)
赤木沢
祖母岳
祖父岳
高瀬川
竹村新道
中房温泉
赤木岳
黒部源流
鷲羽岳
2,924
湯俣
黒部五郎岳
(中ノ俣岳)
2,840
三俣蓮華岳
2,841
新・伊藤新道
双六岳
2,860
樅沢岳
大天井岳
2,922
至 安曇野市
岐阜県
鏡平
槍ヶ岳
3,180
表銀座コース
至 上高地
新穂高～双六コース
南岳
上高地～
槍ヶ岳～三俣蓮華
コース
0
2.5km
5km
奥穂高岳
至 新穂高温泉

黒部峡谷（北部）

黒部ダム 〜 下ノ廊下 〜 欅平 〜 宇奈月

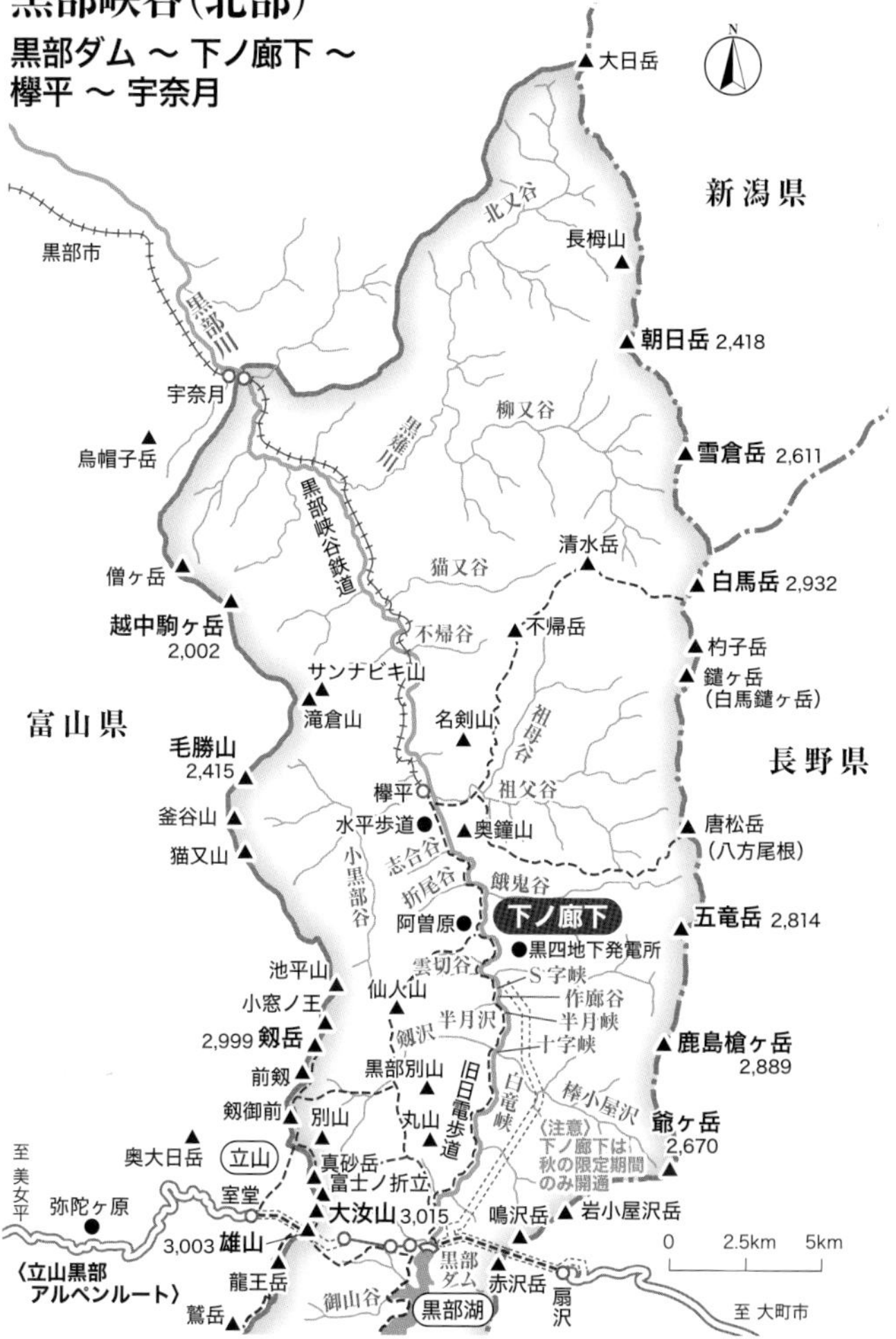

目次

第4章　黒四(くろよん)探訪

第5章　下ノ廊下　垂直の大峡谷

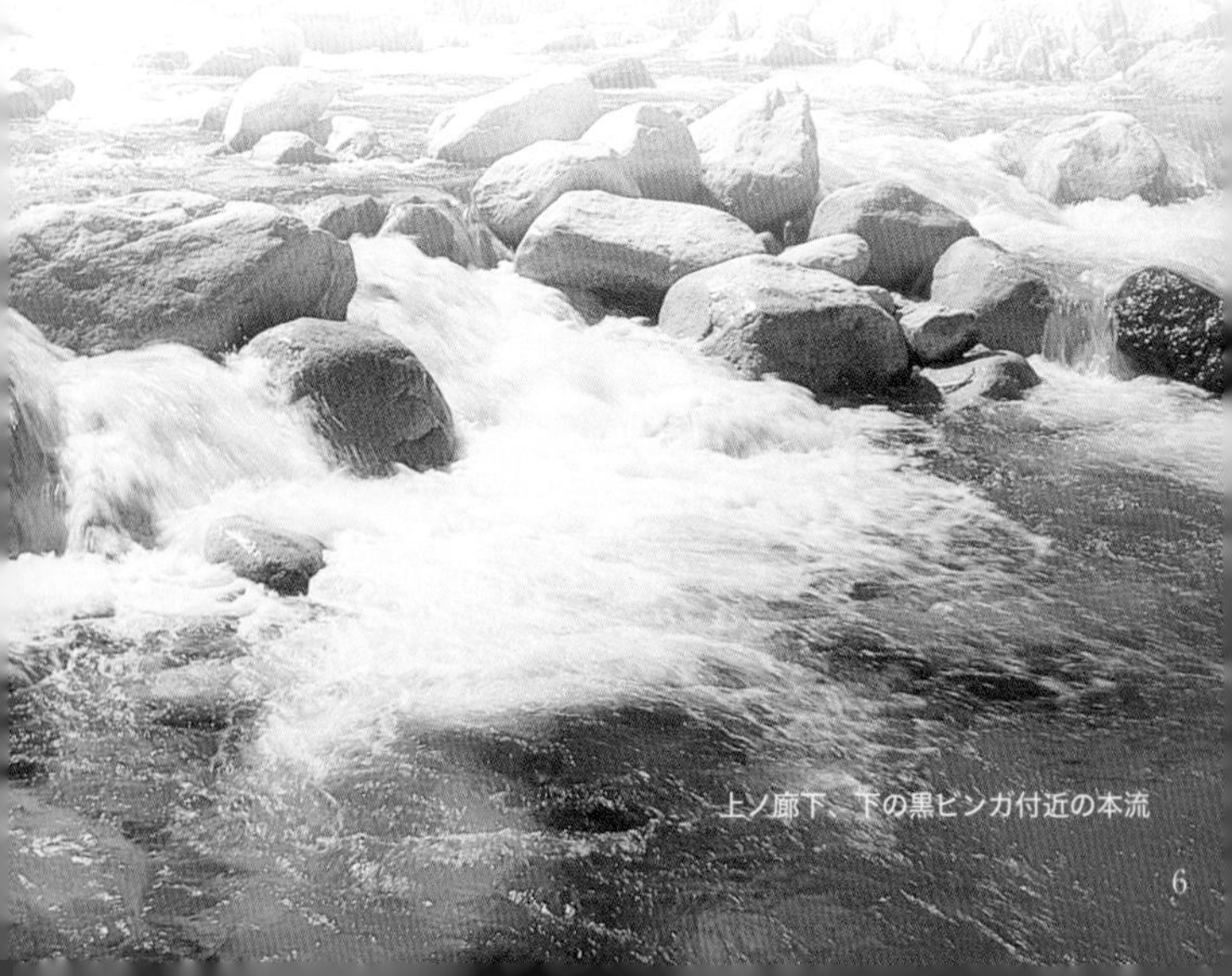

上ノ廊下、下の黒ビンガ付近の本流

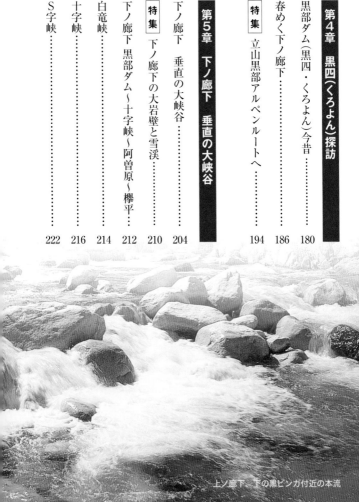

黒部峡谷　自然と人

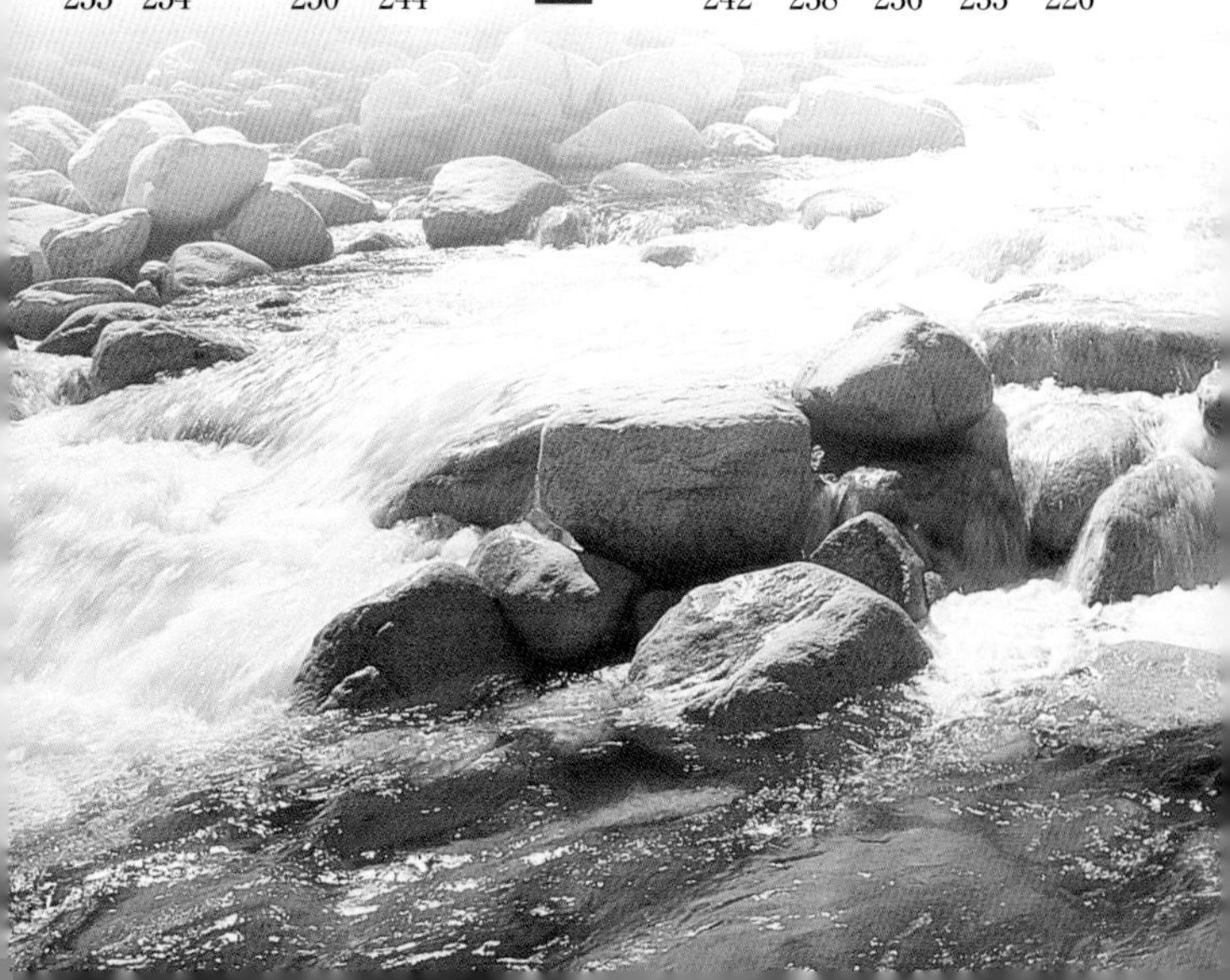

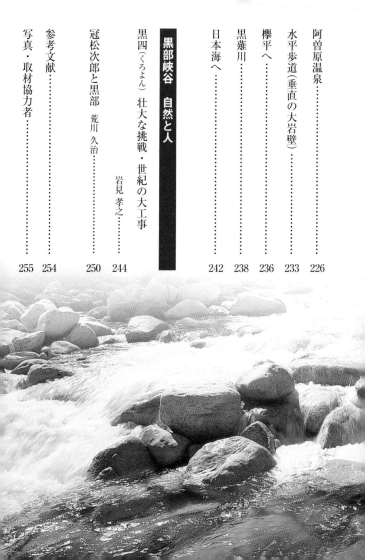

黒部　大自然への憧憬

黒部源流《くろべげんりゅう》。この言葉の響きは、私たちに原始の自然への憧憬を抱かせる。私が初めて黒部源流という地を実感したのは40年近く前、北アルプス表《おもて》銀座《ぎんざ》の燕岳《つばくろだけ》からだった。黄昏《たそがれ》のシルエットを見せる槍ヶ岳《やりがたけ》のはるか北に、赤く落日に染まる残雪の山々が望めた。黒部源流、いつか必ずあの地に……。という憧憬のような思いが強く心に湧いた。それから、何度黒部源流へ入山しただろうか。

シルエットの槍ヶ岳。その北の稜線のはるかに黒部源流がある。燕岳から

北アルプスの最深部として長らく人々を寄せ付けず、かつては山賊の暮らす幻の山域とされ、神秘と畏敬の地でもあった。今日でも黒部源流域には下界の明かりは一切届かない。はるかに槍ヶ岳を望み、裏《うら》銀座《ぎんざ》の鷲羽岳《わしばだけ》や水晶岳《すいしょうだけ》、或いは黒部五郎岳《くろべごろうだけ》や三俣蓮華岳《みつまたれんげだけ》、薬師岳《やくしだけ》など3、000メートル近い高山と原生林に囲まれた、この地に至った登山者だけが、この別天地に癒やしと心の安らぎ、充足感を得ることができるのだ。

黒部のすばらしさは、大自然そのものの優美な源流域と、我が国最大の大峡谷である上《かみ》ノ廊下《ろうか》、下《しも》ノ廊下《ろうか》を併せ持つところにある。屹立する大岩壁と、それを削り刻むかのような奔流《ほんりゅう》。その2つをつなぐ原生林と高峰からの急峻にして深い沢の数々。優美さと豪壮、深遠と奔放、そのいずれもが

群生するチングルマの白い花々

鷲羽岳山頂からの黒部源流域。黒部源流は右側の雲ノ平の麓から大きく迂回して流下する

黒部であり、自然のあらゆる魅力を併せ持って、黒部は北アルプスの只中に深く刻み込まれている。

黒部川は北アルプスのほぼ中央、鷲羽岳(2、924メートル)を源として産声を上げ、上ノ廊下、下ノ廊下の大岩壁を縫い、八千八谷《はっせんやこく》、四十八ヶ瀬《しじゅうはちがせ》と言われる渓流を合わせて日本海に注ぐ、飛騨《ひだ》山脈《さんみゃく》最大・最深の渓谷である。

黒部川の広大な流域には剱《つるぎ》岳《だけ》、立山《たてやま》、後立山《うしろたてやま》連峰をはじめとする2、800~3、000メートル級の高峰が二十数座

ワリモ岳と水晶小屋の鞍部から中央に雲ノ平、北西(右側)に薬師岳を望む(撮影：伊久間幸広)

聳《そび》える。これは梓《あずさ》、高瀬《たかせ》、双《すご》六《ろく》などの谷をしのぎ、黒部ならではの豊富な水量と変化に富んだ山岳景観、森林美と溪谷美を造り出している。「黒部」の名も、流域の山々に多いクロべ(黒檜＝ネズコ)の原生林からつけられたとも言われている。

明治末期から大正、昭和初期にかけて黒部峡谷に初めて足を踏み入れ、くまなく走破した黒部の父・冠松《かんむりまつ》次郎《じろう》は《日本の山の魅力は溪《たに》にある》と語っている。

鷲羽岳の山頂に立つと、眼下には快活優美な黒部源流がのびやかに広がり、源流帯の

細い沢筋がまるで葉脈のように谷に向かってのびている。この黒部源流を眺める時、だれが豪快に岩を咬む上ノ廊下、下ノ廊下の、あの激流を思い浮かべるだろうか。

氷河の浸食による優美なカール地形を見せる黒部五郎岳や三俣蓮華岳、薬師岳などのたおやかな山容、天上《てんじょう》の庭園とも言える雲《くも》ノ《の》平《だいら》、谷を覆うシラビソやクロベの原生林。山と渓流と森林の織り成す壮大な自然がそこにはある。

源流から河口までは85キロメートル。特に長い川ではない。天上の庭園からこの短い間

水は澄み、陽光に輝く

に3、000メートル近い高低差を一気に流れ下り、原始の自然美を展開するところに、黒部川のすばらしさがある。黒部峡谷の圧倒的な量感と豪壮さは、森林を貫き、大岩壁の狭間《はざま》を巨大な生き物のように躍動し流れ下る、この激しい落差ゆえと言えるだろう。

セルリアンブルーの淵と真っ白い帯滝、そして黒木の森のコントラスト

上ノ廊下・岩苔小谷出合付近の黒部川本流。
10月上旬、新雪の雪解け水がすさまじい流れとなった

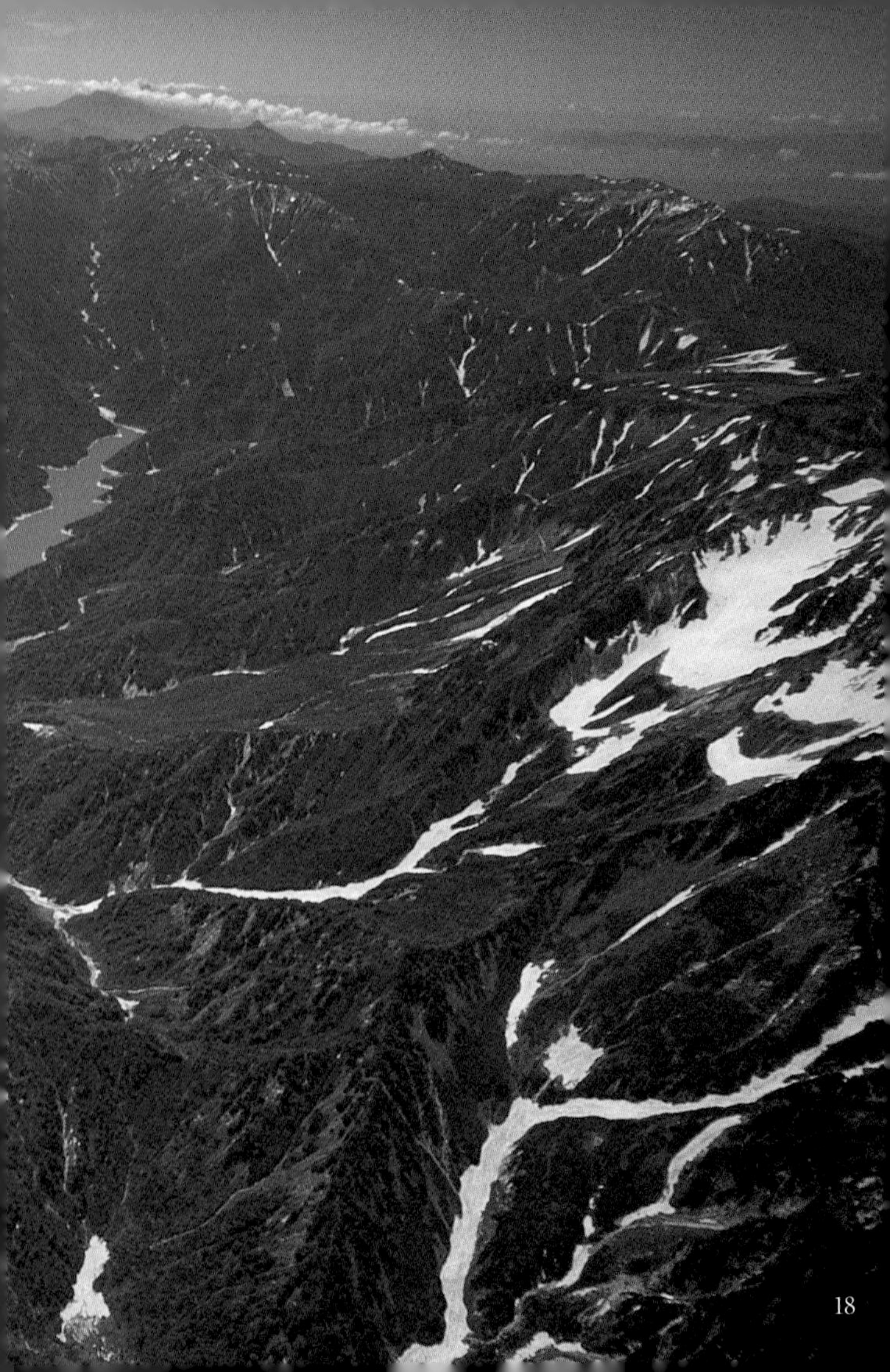

黒部ダムと上流の山々、ダムのはるか奥に上ノ廊下、そして黒部源流がある。
下ノ廊下上空から

左岸には黒部別山、右岸は爺ヶ岳、鹿島槍ヶ岳。
奥に新雪の剱岳。この大峡谷を下ノ廊下は流れ下る

両壁の間隔は５～10メートル足らず。
巨大なうねる白竜のような白竜峡

下ノ廊下有数の美景。はるか眼下を屈曲しつつ流れ下るＳ字峡

足元は垂直に約 200 メートル切れ落ちている。
下ノ廊下、人ひとりがようやく歩ける道幅の水平歩道

鷲羽岳山頂からの槍ヶ岳・西鎌尾根コース

第1章 天上の庭園 黒部源流

第1章

天上の庭園　黒部源流

花と清流、優美な山容を見せる水晶岳、三俣蓮華岳、黒部五郎岳などの高峰が囲み、原生林に満たされた黒部源流。その名は、私たちに一種独特の大自然への憧れを抱かせる。

標高約2、600メートル。この広大な高山の溶岩台地にゆるやかな起伏を描く雲ノ平、さらに奥には高天原《たかまがはら》があり、大小の池塘やハイマツ、さまざまな形の火山性岩石、ワタスゲやチングルマなど、花々の大群落が展開する。

訪れる人々は、まるで〝天上の庭園〟のような風景の中に歩を進め、心を解き放たれる。時には堆積した岩の間から小さな猛獣・オコジョが顔を出し、登山者の周りを走り回ることもある。

これらの地には雲ノ平山荘や高天原山荘、三俣山荘など、個性的で景観に優れた山小屋が数時間程度の歩行距離で点在し、〝黒部源流探訪の日々〟をより豊かにしてくれる。源流域を半円のように取り巻く水晶岳、鷲羽岳、黒部五郎岳、薬師岳などはいずれも魅力的な山々なので、これらの登山もスケジュールに入れたいところだ。

8月も終わりごろになると稜線からウラシマツツジ、イワイチョウなどの草紅葉が始まり、池塘の水面にも彩りが映り込む。さらに10月初め、初雪が訪れるころ、燃えるようなナナカマドの紅葉や赤い実が鷲羽岳周辺や黒部源流各地で見られる。

　鷲羽岳からワリモ岳、岩苔乗越《いわごけのっこし》に近い源頭《げんとう》の小沢は盛夏、湿生の高山植物で溢れんばかりだ。ムシトリスミレ、シナノキンバイ、ハクサンイチゲ、コバイケイソウ……。これらの花々の傍らや、びっしりと岩に張ったミズゴケの下から、一滴また一滴と黒部の水は滲み出し、点在する雪渓はアルプスの直射日光を浴びて、小さな流れを生んでいる。ただし、この源流に沿って下った薬師沢出合《やくしざわであい》まで登山道はなく、沢登り経験者のみが行けるルートだ。

　いくつかの流れはやがて沢となり、大小さまざまな転石の間を縫い、時には小気味よく石床を乗り越えて、キラキラ光りながら落下し、軽やかに源流の音を奏で始める。

　黒部源流は出合《であい》ごとに水量を増し、瀬幅も広くなる。川沿いのブッシュを歩くより、冷たくはあるが思い切って膝や腰まで瀬に浸かり、川通しに歩いたほうが数段気持ちが良い。時折、すばやく身を隠すイワナの姿を見るのが楽しい。

　源流から下ること3～4時間。赤木沢《あかぎさわ》の出合は、祖父平《じいだいら》と薬師沢出合のちょうど中ほどにある。森林帯をゆるやかに下ってきた源流は、ここで左岸からの赤木沢と合流し、美しく神秘的な淵《ふち》をつくっている。黒部の父・冠松次郎は黒部の淵を《深い玉露《ぎょくろ》の色合い》とたとえたが、その形容どおり、赤木沢出合の淵は深く澄んでいる。淵に入ると腰あたりまでの水深のはずが、はるかに深い。あわてて岩にすがりついたが、澄んだ水が川底を実際よりもずっと浅く見せていたのだ。

赤木沢出合は、源流域屈指の美渓である。源流の澄み切った渓水、両岸のクロベなどの原生林、その後方には黒部五郎岳などの優美な山容。山と森と水の奏でる大自然のシンフォニーに、ただ時間を忘れる。

近年、赤木沢は美景と登りやすさから初中級者向け沢登りコースとして人気がある。その赤木沢の落ち口から10分足らずの下手で、黒部源流は大きく屈曲し、むき出しの岩場を5メートルほどの滝となって落下する。黒部源流の魚止《うおど》メの滝で、かつては滝の釜で遡上しようと集まるイワナの群れがよく見られたと言われるが、今はもうその魚影は薄い。

黒部源流の優美で闊達な渓趣は、ここで終わる。登山者は、わずかに残された踏み跡を確かめながら高捲《たかま》きを繰り返し、薬師沢出合に達する。ここには薬師沢小屋があり、富山県側の折立《おりたて》から太郎兵衛平《たろべえだいら》を経て天上の庭園・雲ノ平へ向かう登山者やイワナ釣りの人々で賑わっている。

黒部源流に沿ったこの遡行ルートは一般登山者向けではなく、沢登り装備と経験のあるエキスパート登山者だけのコースだ。

美しい原始のままの自然が、流域を生息地とする動植物のためにも、変わらずにあってほしいと願うが、少なくともこのルートに入る方はこの主は大自然であり、イワナやその他の生き物たちであることを忘れないでほしい。

源流帯の小沢。水辺に張りついた小さな水苔から黒部川の一滴が始まる

厳冬の黒部源流域中心部。中央の白い山と台地が鷲羽岳と雲ノ平。
右奥には槍・穂高連峰の姿も。薬師沢上空から

三俣蓮華岳《みつまたれんげだけ》（2、841メートル）

大らかな源流への山行交差点

長野、富山、岐阜の三県にまたがる三俣蓮華岳は、北アルプス中心部にあって四方向からの登山道が集まる重要山行拠点でもある。

　南からは槍ヶ岳の西鎌尾根《にしかまおね》コース。北からは烏帽子岳《えぼしだけ》、野口五郎岳《のぐちごろうだけ》、鷲羽岳を経ての裏銀座《うらぎんざ》コース。北西からは黒部源流域と雲ノ平一帯を経ての雲ノ平コース。西からは太郎

三俣蓮華岳（左）から鷲羽岳（中央右）へは急登となる。
その背後には薬師岳

兵衛平から黒部五郎岳を経て三俣蓮華岳、双六岳～槍ヶ岳の長大な西銀座《にしぎんざ》ダイヤモンドコースが交差し、さまざまな登山者が集まる。

　三俣蓮華岳は黒部源流の山々への主要なルート上にありながら、この山だけを目的に登る人は少ない。槍ヶ岳の北西に位置し、標高は2，841メートルと北アルプス屈指の高山であるものの、比較的なだらかな山容で、一見どこが山頂かもよく分からないことも一因だ。そのすぐ南に位置する双六岳もまたしかり。

　だが東面には広大な圏谷《けんこく》地

残雪豊富な盛夏の三俣蓮華岳と下に三俣山荘（撮影：伊久間幸広）

形（カール）があり、登山道周辺はウサギギク、シナノキンバイ、チングルマ、ハクサンイチゲなどの花々が咲き競う。

　また、山頂からは槍ケ岳をはじめ鷲羽岳や岩苔乗越《いわごけのっこし》、雲ノ平など黒部源流域の多くの山と谷を一望できる。

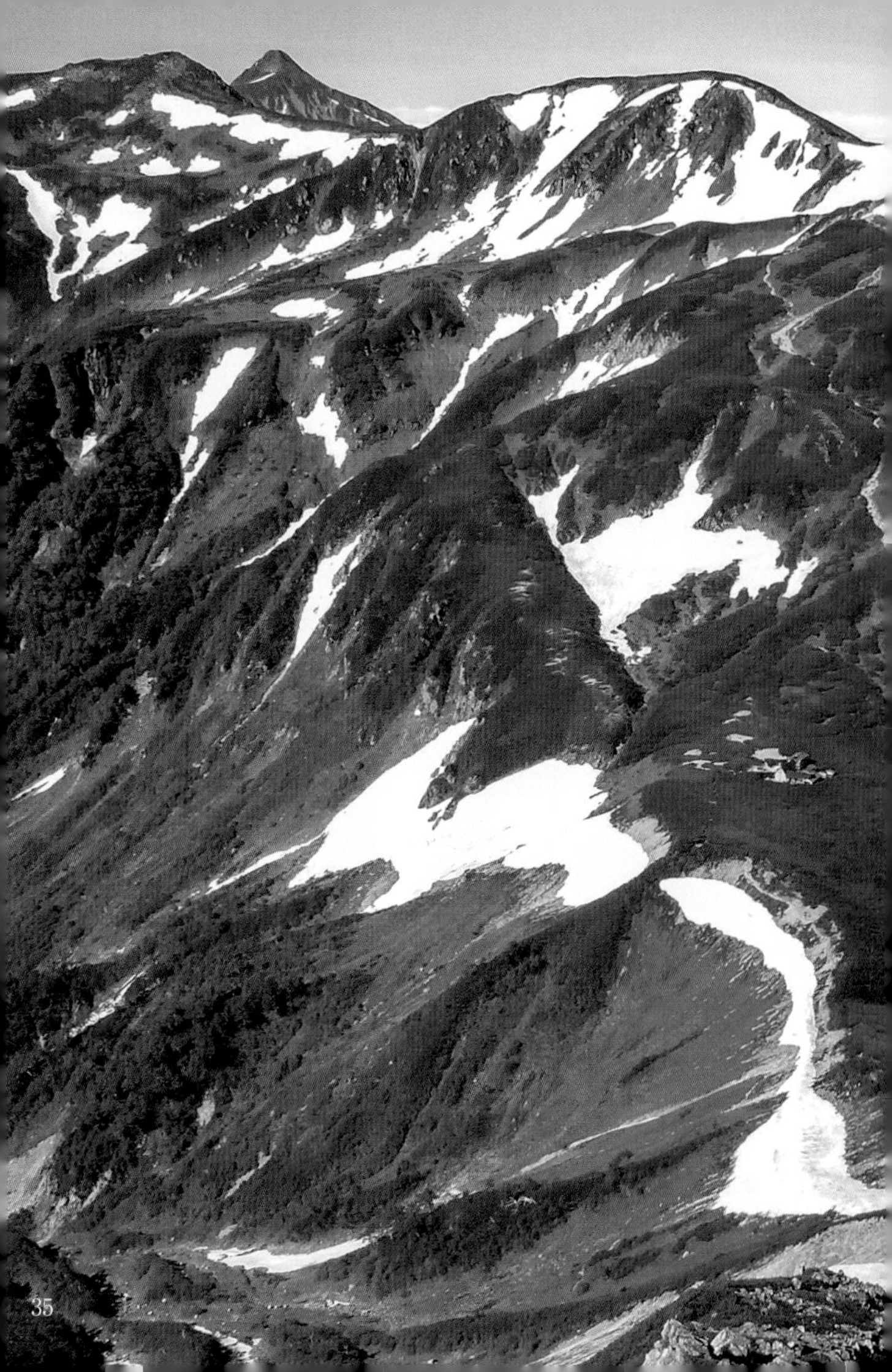

鷲羽岳《わしばだけ》（2,924メートル）

黒部源流域の頂点

黒部川の源頭の山であり、黒部源流を目指す登山者にとっては、そのピークポイントでもある。日本百名山のひとつとして、また裏銀座縦走コースで槍ヶ岳に次ぐ標高のピークとして、山頂を目指す登山者は多い。

ワシが両翼を広げたような山容。その威容が最もよく見られるのは、鷲羽岳南側の台

まさにワシが翼を広げたような山容。三俣蓮華岳中腹から（撮影：粂田義秀）

地にある三俣《みつまた》山荘《さんそう》あたりからだろう。ハイマツとナナカマドの密生した稜線の先には、東に本峰東稜、西にワリモ岳を従えた、どっしりとした姿が望める。

　鷲羽岳の山頂に立つと、西側には雲ノ平の溶岩台地と黒部川源流がまさに大パノラマのごとく、一望の下だ。

　広大な山群とそれらを覆い尽くさんばかりの原生林と源流の水系。雄大な黒部源流の姿に息を呑む。彼方にはゆったりと稜線をのばす端正な薬師岳が印象的だ。

　一方、南東へ目を向けると北

眼下に望む火口湖・鷲羽池と槍ヶ岳。鷲羽岳山頂から

三俣山荘キャンプ場から（撮影：菜田義秀）

アルプスの盟主・槍ヶ岳がすっくと立ち上がり、山頂から450メートルの眼下には火口湖の鷲羽池が濃紺の水を湛えている。

裏銀座コース、ワリモ岳山頂から槍ヶ岳と鷲羽岳（撮影：伊久間幸広）

黒部源流域に沈む夕日。燕岳から

新雪の鷲羽岳（右）とワリモ岳、ナナカマドの赤い実（撮影：大塚絹子）

黒《くろ》部《べ》川《がわ》源《げん》頭《とう》・岩《いわ》苔《ごけ》乗《のっ》越《こし》付近

黒部川の源、それは一滴の水から

黒部川の源は鷲羽岳だが、その源頭は鷲羽岳山頂から1時間ほど北稜を進んだ水晶岳分岐下の岩苔乗越付近にある。ここから鷲羽岳の西側山腹と

黒部川水源地標

朝露に濡れたチングルマの綿毛

水苔についた水滴。もう落ちる寸前
雲ノ平・祖父岳の間の灌木帯にのびた一直線の谷で、源頭の水は集まり始める。
朝露や霧雨に濡れた花々や、葉先の小さな水滴はやがて耐えきれなくなり、ポトリ、ポトリと水苔のついた大小の岩々がつくる小沢に落ちてゆく。
岩苔乗越という名は、まさし

小さな水滴は小沢となり、闊達に流れ下る

くその情景を言い当てているのだろう。

　黒部川の源流は岩苔乗越をはじめ、三俣蓮華岳、黒部五郎岳、雲ノ平などの山々から、このように少しずつ水を集めて始まるのだ。

　岩苔乗越への途中の渡渉点には「黒部川水源地標」の石柱があり、日本海までは85キロメートルほどだ。源流はさらに黒部五郎岳からの五郎沢、雲ノ平からの祖父沢や、赤木沢、薬師沢などを合わせて深い原生林の只中を瀬音も高く、流れ下る。

小さな猛獣・オコジョ。小鳥やネズミ、ウサギまでも襲う。だが高山きってのアイドル

サンカヨウの花

この源頭水源地は、三俣山荘から1時間弱。ここから日本庭園を通って雲ノ平の中心部へは、祖父岳南面の急登を経て2～3時間ほどの雲上コースとなる。ギリシャ庭園、アルプス庭園、奥スイス庭園などに囲まれるように雲ノ平山荘がある。

雲《くも》ノ《の》平《だいら》

（2、550メートル［山荘］）

天上の庭園。大らかな溶岩台地と花々

黒部川源流と岩苔小谷に挟まれた北アルプス最深の地、それが雲ノ平だ。幻想的とも言える呼び名通りの別天地である。

標高2、600メートル前後、日本で最も高い位置にある溶岩台地である。面積は約250平方キロメートル。広大なその台地は大小無数の溶岩

広大な雲ノ平・アルプス庭園付近から見た三俣蓮華岳。左奥に槍ヶ岳、右に笠ヶ岳

に埋め尽くされ、水晶岳や黒部五郎岳、三俣蓮華岳、薬師岳などの名だたる山々がゆったりと四囲を取り囲んでいる。お花畑や池塘、ハイマツがそこかしこに点在し、大自然の造形美とも言えるような独特の景観を見せる。

　この地には、雲ノ平山荘の創業者である伊藤正一《いとうしょういち》氏により「庭園《ていえん》」と名付けられた場所が八つある。

　日本庭園、奥日本庭園、スイス庭園、奥スイス庭園、ギリシャ庭園、アルプス庭園、アラスカ庭園、祖父《じい》庭園である。

薬師沢から雲ノ平への急登終盤。黒木の森の間から黒部五郎岳が見えてくる

7月中旬、岩場に咲く花々。スイス庭園の近く

草紅葉の奥に笠ヶ岳(左)と黒部五郎岳(撮影:野澤優太)

それぞれの庭園は木道でつながり、次々に展開する絶妙な高山の自然美をつぶさに見ることができる。

湿原や池塘にはニッコウキスゲやワタスゲ、ミズバショウ。岩礫地には、チングルマやイワツメクサ、イワウメなどの花々が多く、秋にはナナカマドが見事な紅葉を見せる。

四季折々の花々や季節の彩り……。まさに天上の楽園と呼ぶにふさわしい。訪れた人々は登山道を一歩一歩、歩きつつ、只々、発すべき言葉も失っていく。

黒部川は鷲羽岳源頭に始まり、

黎明の雲ノ平・ギリシャ庭園と水晶岳

雲ノ平東端の小沢、三俣蓮華岳や黒部五郎岳などの渓流の水を集めつつ、原生林の森を抜けてゆく。

鷲羽岳や水晶岳、黒部五郎岳などの山頂から雲ノ平を一望すると、広大な高山台地の山裾に沿って東から南へ、さらに西へと時計回りに半周以上も大きく黒部源流が回り込んでいるのがよく分かる。

黒部川は、雲ノ平との標高差600メートルの峡谷へと成長しつつ、富山側からの登山口ともなる薬師沢出合に至る。

そして、雲ノ平の夜。下界の明かりは、ただのひとつも届かない。

朝霧漂う高天原湿原（撮影：吉田則彦）

高天原《たかまがはら》

雲ノ平の北にある、静寂の別天地

高天原という地名は各地にあるが、ここはおそらく日本最奥・最高所の高天原だろう。

雲ノ平山荘からさらに北に進むと、いよいよ深山の趣が漂う奥黒部《おくくろべ》の地・高天原に到着する。

岩苔小谷の奥にひっそりと広がる湿原で、ワタスゲやニッコウキスゲなどが静かに池塘に映り込んでいる。

そこにはランプが灯る、こぢん

池塘に映る雲

「日本一遠い」温泉・高天原温泉

まりとした山小屋がある。近くに深山の秘湯もある。原生林の中の野趣溢れる露天風呂だ。混浴と、女性専用の湯があるので、女性も心ゆくまで温泉を楽しめる。

高天原へは雲ノ平や水晶池からのメインルートと、黒部本流の薬師沢出合からの大東新道《だいとうしんどう》があるが、後者は登山者はごく少なく、道も沢沿いやハシゴの悪路だ。

さらに奥に高天原最奥の竜晶池《りゅうしょういけ》があるが、ここから先は行き止まりとなる。

ハイマツと溶岩の堆積した雲ノ平・祖父岳。祖母岳は右奥にあるが目立たない

祖父岳《じいだけ》（2、825メートル）
祖母岳《ばあだけ》（2、464メートル）

雲ノ平の一角、実は大きな丘状の山

祖父岳と祖母岳。なんともユニークな山名だ。鷲羽岳（2、924メートル）の山頂から西に広がる雲ノ平一帯を眺めると、黒部川源頭としていったん急激に落ち込み、急傾斜で立ち上がる雲ノ平の溶岩台地のほぼ中央に、祖父岳はゆっくりと頂《いただき》をもたげ、その奥の雲ノ平山荘近くに祖母岳が望める。

鷲羽岳南側下から望む祖父岳。手前は黒部川源流（撮影：伊久間幸広）

しかし、黒部源流の盟主・鷲羽岳と祖父岳との標高差は、わずか100メートルほど鷲羽岳が高いだけだ。だが祖父岳は、この広大な雲ノ平の中にあって特に目立つ存在ではなく、登頂を目指す人もそれほど多くはない。その頂からは四囲の絶景がほしいままだというのに、なんともったいないことだろう。

雲ノ平山荘からハイマツ帯をたどり、ガレ場を急登すると1時間半ほどで祖父岳山頂に着く。広く遮るもののない溶岩台地で、すぐ東に聳える鷲羽岳や、はるか南には槍・穂高連峰までもが望める。

ミニ寄稿文

山賊に逢いに

神田 節子

登山を始めたころ「雲ノ平はいいぞー」と話してくれたのは生まれ育った小さな村の山屋のおじさんでした。それから『黒部の山賊』を読み、伊藤正一さんの講演を聞く機会もあり、ある夏の半ばに期待と妄想をお供に夫と二人で行くことができました。

チングルマの果穂

雲ノ平は北アルプスの最深部に広がり、ぐるりと見渡せば薬師岳、黒部五郎岳、三俣蓮華岳、鷲羽岳、水晶岳などに囲まれた台地で、アラスカ庭園やギリシャ庭園などと呼ばれる場所が点在し、その真ん中には小さなお城のように雲ノ平山荘が立っていて、本当に格別な場所でした。

大好きなチングルマの花畑は実になっていましたが、あー、やっと来たな、カッパはいるのかな? 沢では山賊がイワナを釣っているかな? どこからか「おーい、おーい」と声を掛けられて「おーい」と答えると、行方不明になるらしいなど、不思議体験や怪奇現象の話など物語がいっぱいの雲ノ平。滞在した2日間ではとても足りない。次に来るときはチングルマの満開のころ長居をしてあちこち探検すると決めて帰路に就きました。

50年前の雲ノ平の写真が現在と変わらないことに安心し、そして50年後、100年後も最後の秘境であることを願っています。

裏銀座コースを望む水晶岳北面の残雪とお花畑

は先代の建物（撮影：大塚絹子）

水晶岳《すいしょうだけ》（2,986メートル）

雲ノ平から見た端正な山容に引かれる

水晶岳の魅力のひとつは、雲ノ平から見た山容にあるだろう。山頂の両側に鋸の歯のような山稜を張り出した姿がなんとも美しい。大らかな雲ノ平台地との対比が、双方を引き立て合っている。

　水晶岳は鷲羽岳の北に位置し、裏銀座縦走コースから北西にのびる支脈伝いに、40分ほどで山頂に着く。

雲ノ平・アルプス庭園やギリシャ庭園が広がる奥に稜線を張り出す水晶岳。山小屋

山頂は切り立った岩の双耳峰（南峰・2，986メートル／北峰・2，978メートル）で、東斜面には、氷河が残した圏谷地形（カール）がある。夏でも見られる残雪と、黒く鋭い岩稜の連なりは、ヨーロッパ・アルプスの一角かと見まがうほどだ。

水晶岳、この魅力的な山名は山体を形成する岩の中に水晶の鉱脈があったから、と言われる。今でも見られるが、言うまでもなく採取は厳禁だ。

水晶岳東面。
南西面は雲ノ平に面するが、カールのある東面は東沢谷源頭となる。
真砂岳上空から

登山者も少ない長大なコース。眼下北方はるかに黒部湖（撮影：栗田義秀）

赤牛岳《あかうしだけ》（2、864メートル）

長大な黒部湖コース。山行判断は慎重に

赤牛岳は黒部源流域の北端に位置する巨峰で、水晶岳から この山を経由して黒部湖の南端へとつながっている。

赤牛岳。高山の名前としてはいささか変わっているが、赤牛がゆったりと寝ているような長い稜線からその名がついた。その山容は裏銀座縦走路や薬師岳あたりから眺めるとよく分かるだろう。

ゆるやかな山容。赤みを帯びた赤牛岳山頂（撮影：伊久間幸広）

北方に立山連峰を望む稜線コース（撮影：伊久間幸広）

黒部湖からの登山道が、「読《よみ》売新道《うりしんどう》」。このルートは長大だ。奥黒部ヒュッテからの登りで約7時間、下りでも5時間かかる。しかも途中には山小屋や避難施設、水場等はなく、ひたすら歩くのみ。自身の体力とその時の天候次第で、このコースの山行可否は注意深く判断したい。

多くの登山者は下山ルートとして利用している。黒部湖が近づくにつれてホッとするが、まだ巨木の森が続く。最後まで慎重に歩みたい。

新雪の赤牛岳と黒部湖、10月上旬。黒部ダムから

黒部五郎カールは、黒部源流域のシンボルのひとつ（撮影：伊久間幸広）

黒部五郎岳《くろべごろうだけ》（2、840メートル）

独特なカール地形。黒部源流域の名山

黒部五郎岳は雲ノ平のどこからでも望める、黒部源流域のシンボルとなっている山のひとつだ。

標高3、000メートル近い巨峰で、広々とした山域には夏でも多くの残雪が見られる。そして何よりの特徴は、山頂部から東方向に大きくなだらかに下る大圏谷（黒部五郎カール）で、特に三俣蓮華岳方面から、その

山頂下のカールを、
巨岩や残雪を避けながら下る（撮影：来田義秀）

岩だらけの山頂。この下にカールが広がる

全貌を見ることができる。

カール内からは、稜線に沿って連なる岩稜群と、崩落した大小の花崗岩が堆積した特異な景観が印象的だ。

さらにそれらの岩場を埋め尽くすようにコバイケイソウ、アオノツガザクラ、クルマユリ、シナノキンバイ、ハクサンフウロなど多くの高山植物が咲き競う。残雪の雪解け水を集めて、小沢も流れ下る。

三俣蓮華岳方面からの登山コースは、三俣山荘から黒部五郎小舎で二本に分かれ、稜線上を登るコースと、黒部五郎カール底を詰めて、山頂直下で

巨岩と残雪、黒部五郎岳のカール地形（撮影：桒田義秀）

稜線に合流し登頂するコースがある。残雪の多い7月の初め頃までは稜線コース、花が咲く夏にはカール内コースを選ぶ登山者が多い。

ただし、カール内のコースは濃霧に包まれるなど視界の悪い時は、北側の五郎沢に迷い込みやすい。ルートのマーキングをしっかり確認して進みたい。また下りは、山頂からの稜線コースを選ぶのが賢明だ。

山頂は岩がゴロゴロと積み重なっており、その姿から「黒部にあるゴロゴロとした岩の多い山」、つまり黒部五郎岳と名付けられたと言われる。

朝日を浴びる薬師岳中央カール（国指定特別天然記念物）（撮影：伊久間幸広）

薬師岳《やくしだけ》（2,926メートル）

北アルプスの貴婦人。黒部源流の西の象徴

どこから眺めても大らかにして、どっしりとした気品のある名峰、それが薬師岳だ。その神々しい山容は、黒部源流域のどの山からも上ノ廊下を隔てて、望むことができる。

山名の通り、薬師如来を祀った山岳信仰の山で、毎年6月中旬の山開きには山麓から薬師如来像が運ばれて山頂の祠に安置され、10月中旬の閉

山祭には麓に降ろすという。かつては女人禁制とされていたが、明治時代後期以降は近代登山の場として、数多くの記録を残してきた。

薬師岳山頂

この山を訪れるなら、折立から太郎兵衛平までの眺望の良い登山道を太郎平小屋まで

登り、その日はゆっくり周辺を散策してみよう。太郎兵衛平は「新・花の百名山」にも選定されるほど花々も多い。

翌日は薬師岳山頂への稜線コースへ。北アルプスの中級者向け登山コースとして多くの登山者が訪れる。危険箇所や急傾斜が少ないため、無理なく往復することができる。

また、主稜線の広大な東斜面には、大規模な氷河地形の薬師岳圏谷（カール）群があり、国の特別天然記念物に指定されている。これらから金作谷《きんさくだん》などいくつかの大きな谷が黒部本流の上ノ廊下に流れ込む。

裏銀座の稜線コースからは、常に西方にたおやかな薬師岳が望める（撮影：伊久間幸広）

なお、立山から薬師岳を経て槍ヶ岳へ至るコースは、北アルプスきっての長大な縦走ルートだが、特に薬師岳山頂以北は経験、時間、体力を要し、エキスパート登山者向きだ。

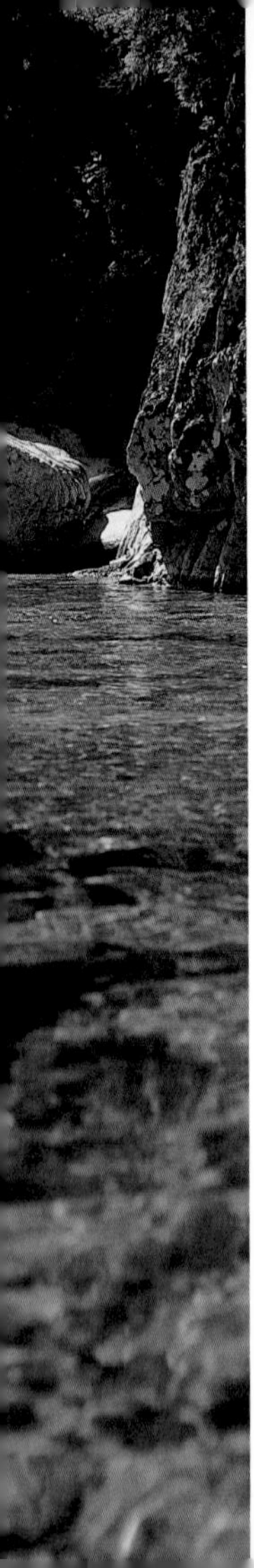

赤《あか》木《ぎ》沢《さわ》出《で》合《あい》

出合の淵は深く、水底まで青く澄み切っている

赤木沢出合ほど美しい森と渓《たに》の地を、私は知らない。それは岩と激流が削り上げた下ノ廊下の十字峡やS字峡と双璧を成す、森と渓水が織り成す調和の絶景としか言いようがない。

赤木沢が黒部川本流に流れ込む

源頭から10キロメートルあまり。鷲羽岳に始まり、雲ノ平、三俣蓮華岳、黒部五郎岳などから水脈を集め、森の緑を映し込みつつ、黒部源流は赤木沢出合へと達する。

赤木沢出合までは、クロベやオオシラビソなどの黒木の森に包まれた静寂の地だ。水は透明にして川底まで見えるセルリアンブルー。まだ、膝上ほどの水量しかない。その清冽な流れを辿る楽しさは、まるで少年時代の川遊びのよう。ちょっと言いようがない。

本流は、2メートルほどの落差をひとつの区切りもない和服の帯のように白く光りつつ流れ落ち、深い緑と濃紺の淵

本流は高さ２メートルほどの白い帯滝となる。
水は澄み、水底の岩ひとつひとつまで鮮明だ

大小の滑滝が闊達に流れ下る

に落ち込む。

そして、この出合のすべてを守るかのような黒木の原生林たち。その先に望める黒部五郎岳や三俣蓮華岳など。あまりの水の美しさに、つい水中に頭を突っ込み、覗き込んでしまう。水苔に覆われた川底の大小の石も、10メートル以上も先の白い滝も、周囲の森も青い空も、水中と水面の一シーンとして映り込んでいる。時折、小さなイワナの子が目前を横切る。

左岸の赤木岳からの滑滝《なめだき》を闊達に下り落ちた赤木沢は、そのすぐ下流で黒部源流に合

水と岩と森の織り成す名曲。赤木沢滝口から

流する。この赤木沢は明るい岩肌を縫いつつ、ほどよい傾斜をさわやかに滑り落ちるが、途中に大滝、小滝や美しい景観も多く、近年はこの沢目当ての遡行者も多い。

薬師沢出合から1時間半ほどの道なき本流遡行。そして赤木岳稜線までは約4時間の渓流遡行。薬師沢小屋まで行くだけでも一日行程なので、二泊は必要なルート。初中級の沢登り技術と装備、経験が必要だが、森と水と岩の調和した黒部が、まだここにはあるのだ。

遡行記1

岩と滑滝の赤木沢へ

長野市在住　村田 英之

黒部源流部の赤木沢は空を覆うような木が少ない、大きく開けた明るい渓相の沢だ。そこに美しい赤色の滑床《なめどこ》や、ザイルなしでも登れるような滑滝《なめだき》、階段状の滝が続く。沢登り初中級者向けの沢だ。

初日は富山県の折立《おりたて》登山口から入山、太郎兵衛平まで登り黒部川と薬師沢の出合にある薬師沢小屋まで下る。ゆるやかなコースだが、歩行時間は8時間ほどなので、体力の配分に注意したい。

二日目は早朝に出発して黒部川本流の遡行となる。登山道やルート表示は一切ない。また、増水の時などは高捲《たかま》きもあるし、腰上まで奔流に入る場合もあるので、しっかりした遡行対策が必要だ。本流を1時間半ほど遡ると赤木沢出合だ。

ここは黒部川本流が見事な自然堰堤となっており、深く澄んだ青緑色の淵が広がる。川幅いっぱいの真っ白い帯状の滝が実に美しい。

そこに左岸から支流の赤木沢が勢いよく、岩盤上を流れ落ちてくる。赤木沢へは数メートルの落ち口を右に高捲いて入渓する。

しばらく赤色の滑床を進むと15メートル（2段）の最初の滝が現れる。ここは容易に越すことができる。左手からのウマ沢の出合を過ぎると、4段40メートルの大滝に到着するが残念ながら全貌は見にくい。

簡単な小滝や樋状の滝をいくつか登ると、美しい4段20メートルの滝があり、ここは各々のルートで登れ、実に楽しい。次の5メートルの滝、階段状の15メートルの滝も簡単に登り進んでいくと、赤木沢の核心、見上げる迫力の大滝25メートル、プラス10メートルだ。直登は不可能なので、左岸の高度感のある草付きを高捲いて落ち口に出る。

この先は二股を左に進みナメが続く沢を詰め、続く二股も左に進むと次第に流れが細くなる。最後は見渡す限りお花畑のゆるい斜面を登れば赤木岳東南稜の中俣乗越《なかまたのっこし》に到着。赤木岳山頂を越え、縦走路を太郎兵衛平へ戻った。源流の滝を楽しんだ一泊二日だった。

特集 黒部源流〜奥ノ廊下〜上ノ廊下

天空の源流イワナを求めて

野口 一男

「黒部源流でイワナに挑む……」。渓流釣り師たちの夢だ。

なぜ、それほどにこの地は釣り師たちの憧れなのか。その理由は黒部源流の森と水、山々に囲まれ、自然と同化した中で原生のイワナと対峙する無上の喜びと、釣り上げたイワナとの出合いの瞬間にあるだろう。

黒部源流への登山口へは大都市圏からの交通の便も良く、登山コースとしても危険箇所は少ないため、折立から太郎兵衛平を経て薬師沢に入渓するアングラー※や雲ノ平を目指す登山者が多い。

黒部源流域の鷲羽岳や、三俣蓮華岳などからの小沢は雲ノ平を大きく回り込むようにして樹林帯を抜け、赤木沢出合から薬師沢出合に至る。鷲羽岳の源頭の碑から薬師沢出合に至る源流には登山道はなく、人々は岩をへつり、足腰まで清流に浸りつつ下ることになるが、赤木沢出合直下には小さなゴルジュがあり、高さ4〜5メートルほどの見事な滝がイワナの行く手を阻んでいる。

近年、薬師沢小屋や地元の愛好家たちにより、この地のイワナを水に入れたまま担ぎ上げ、滝の上流に放すという生息域の移動活動も行われている。イワナが主に見られるのは奥ノ廊下の薬師

上ノ廊下で釣り上げた源流イワナ

※釣りを趣味とする人のこと

沢出合周辺から上流の赤木沢出合を経て、標高約2、400メートル付近までだろう。そこから上流は小沢となり、時にはわずかな水を求めてイワナたちは瀬を上下するようになる。

一尾一尾、個性的な体色と体形

源流域・奥ノ廊下一帯は広大な緩斜面の原生林で、地形はゆるやかに変化しつつ、清流や滑滝、淵、岩場、草地などが連続する。そのような環境のためか、黒部源流域のイワナにはさまざまな体色が見られる。薬師沢出合から下流の奥ノ廊下付近の、体色全体、特に頬の黒っぽいものから、赤木沢出合やその上流などの明るい川筋の体色全体が白っぽいもの、黒部源流独特の茶色がかったものまで一尾一尾が異なり、体色だけでなく体形も多彩だ。

薬師沢小屋から本流沿いに大東新道を下ると、1時間あまりで奥ノ廊下のゴルジュ帯と出合う。さらに本流の立石《たていし》あたりまでのイワナは黒っぽい体色で橙色と白の斑点も目立たないが、その分胸びれの白いラインが大きく際立つ。

しかし、上ノ廊下の入り口でもあるここから下流は、奔流と巨岩の堆積するゴルジュ帯であり、国内最難関の本格的な沢の世界となるので、安易な入渓は絶対に控えたい。特に大雨や降雪の後などはたった数時間で水量は倍以上に増え、危険そのものとなる。

さて、本流まで下り立った地にある薬師沢小屋は、アングラーたちも多く集まる癒やしの山小屋で、悪天候の日でも情報交換をしたり、釣りや自然関係の豊富な蔵書もあったりで飽きない。本流を跨ぐ赤い吊り橋と森の中の薬師沢小屋を眺めているだけでも心が安まり、願わくは、あと一泊だけでも……となってしまう。薬師沢の支流

上ノ廊下。下の黒ビンガ近くの大きな淵に挑む

も魚影は濃く、テンカラ、毛針と、気軽にさまざまな渓流釣りが楽しめる。

この一帯は、山小屋の入り口にも大きく書いてあるように「キャッチ・アンド・リリース」が釣り人たちのルール・合言葉で、これにより貴重なイワナが守られている。イワナたちと釣り人は、この黒部源流のファイター同士であり、友人なのだ。

黒部の山賊

明治、大正、昭和初期にかけて、この地で釣り上げられたイワナは釣り師たちの徹夜作業でワタを抜かれ、粗末な山小屋で数日間燻《いぶ》されて一斗缶につめられ、西鎌《にしかま》尾根《おね》から槍ヶ岳の肩を抜けて上高地の旅館へ卸されたと言われる。

戦後まもない頃、彼らは黒部源流に潜む凶悪な山賊として、世の中を騒がせた。伊藤正一氏の名著『黒部の山賊』にその様子はくわしい。

滝の落ち口には数頭のイワナが獲物を待ち構えていた

薬師沢。黒木の森の狭間をゆっくり流れ下る

薬《や》師《くし》沢《ざわ》出《で》合《あい》

黒部源流・奥ノ廊下。そこには登山者と釣り人が集う

薬師沢出合は、鷲羽岳・岩苔乗越下からの黒部川源流と薬師岳の南麓を流れる薬師沢が合流する地だ。

そこまでは、黒部源流の山々や雲ノ平を目指す登山者にとっては、折立から太郎兵衛平を越えて下る、長いが快適なコースとなっている。

また、一生に一度だけでも黒部のイワナを釣りたいと願う

雲ノ平の森から岩場を伝い、流れ落ちる優しげな滝

釣り人にとっても、出合にある薬師沢小屋はなくてはならない基地である。ただし、この地の渓流釣り解禁期間は7月1日から9月30日までの3ヶ月間のみ。さらに釣り方はキャッチ・アンド・リリースがマナーだ。

　山小屋の中は、渓流釣り人の世界でもある。その日の釣《ちょう》果《か》や寸前で釣り逃がした大物、はては愛用の釣り具の自慢など、イワナを肴に人々の話は尽きない。尺以上の魚拓もあるし、日本中の渓流釣りの本なども並んでいる。

　なんと言っても、この山小屋

黒部川本流（左）と薬師沢（右）の出合に立つ薬師沢小屋（撮影：伊久間幸広）

は絶妙の地にある。黒部本流は南東側から、薬師沢は北西側から流れ込み、清流間際の巨大な岩場で合流するが、薬師沢小屋はその岩場の上にある。山小屋というよりも、瀬音が響く、いわば源流小屋だ。

沢に張り出した木のテラスで清流と森に囲まれて休むのもよし、本流の赤い吊り橋を渡り、対岸から水と森と山小屋の絶妙な風景を眺めるだけでも心が癒やされる。

ここから赤木沢出合などへの源流遡行もできる。また、川沿いに大東新道を下れば秘湯が楽しめる高天原山荘があり、天上の楽園・雲ノ平へは600メートルの急登を登り切れば達することができる。

本流に架かる赤い吊り橋

薬師沢出合から下流へ約１時間。本流は突然、ゴルジュの狭間に流れ込む

上ノ廊下～黒部源流遡行記

長野県中野市在住　市川　滋彦

沢登りをする者にとって、黒部峡谷は憧れの沢である。明るい青緑色をした淵、力強い流れ、迫る岩壁、深い原生林、これら秘境の要素が好奇心を刺激する。しかし、上ノ廊下は簡単には遡行できない。両岸から川を挟むように岩壁が迫り、つらい水中歩行を必要とするからだ。しかも周りを取り囲む3、000メートル級の山々から集まった水は多量で、水との格闘を強いられる。

黒部川は北アルプスの奥座敷、鷲

黒部源流・赤木沢出合に至る。水中でバンザイ

羽岳、雲ノ平、三俣蓮華岳周辺で生まれ、黒部五郎岳山麓を抜け、薬師岳と赤牛岳の間を深く刻みながら流れ下り、黒部湖に注ぐ。源流部はたおやかな山々に囲まれ、天上の楽園といった雰囲気だ。しかし、下るにつれて深く険しい谷となり、「上ノ廊下」はその核心部にある。この谷を遡行する季節は夏が最適である。1998年8月下旬、当時大学生だった私は山仲間と二人で上ノ廊下の遡行に挑戦した。

〈一日目〉

黒部ダムを出発し、ダム湖左岸の水平道を歩いた。途中、ダム湖中部を船で対岸に渡り、そこから上流に向かって歩くと、ダム湖の幅は徐々に狭くなっていった。それにつれて人のにおいは消え、深い自然の中に入って行く感じが強まった。やがてダム湖は終わり、水流が現れ始めた。東沢谷《ひがしざわたん》の出合で赤牛岳、水晶岳に向かう読売新道と別れ、広い川原に下り、ここでテントを張った。古い資料を見ると、以前はこのあたりは美しい渓谷だったようだが、ダムができてから30年経ち、周

森林が迫ってくる

下の黒ビンガが見えてくる

囲の景色は大きく変わってしまい、川床は砂利で埋め尽くされていた。持参したテンカラ釣りの仕掛けで岩魚を狙った。人擦れしているせいか釣果はゼロであった。

〈二日目〉

朝から良い天気だ。ここから沢登りが始まる。間もなく広い川原は終わり、山が両脇から迫る。谷が深くなるにつれ、流れは深く、強くなってきた。水流沿いに浅い部分を探しながら遡行したが、流れに阻まれて動きが取れなくなり、対岸に徒渉せざるを得なくなった。水流の中心部では腰まで水に浸かり、バランスを崩すと足元から流れにすくわれそうになる。一歩一歩、水中の足場を確かめながら渡る。強い流れを徒渉する際は体を水流と平行にして流れを逃がし、下流側に斜めに進むのがコツだ。まともに流れと戦っても勝ち目はない。山登り(沢登り)は、非力な人間が強力な自然の隙をついて行うものと私は心得ている。

遡行し始めて約1時間で、谷はますます狭くなり、辺りは黒く切り立った大岩壁になった。ここは下の黒ビンガと呼ばれ、川が切り立った岩の壁に挟まれ、狭い溝のようになっている。このような地形をゴルジュと言うが、フランス語で「喉」を意味し、山の用語では「廊下」と呼ばれる。ゴルジュでは流れが狭まり、深みが多いため、流れに逆らって泳ぐか、岩の壁を横向きに伝って歩くヘツリという方法でしか進めない場合がある。このような難関を突破するのもまた楽しい。

上ノ廊下は水の中を進むことが多いので、水量によって遡行の難しさが大きく変わる。黒部川は「水量が多いときは別の川になる」と言われるほどだ。難所を水流通しに通過できないときは、草付きの斜面を登り、難所を上部で迂回する「高捲き」と呼ばれる方法をとる。また深みを徒渉する際も、流されないようにザイルで確保しながら渡らなければならない。さらに、水量が増えると困難を通り越し危険が生じる。ゴルジュ帯では急激に増水すると、避難する場所がないので流されるおそれがある。それゆえ、急な雨には気を使うが、幸い今回は天候に恵まれ比較的水量が少なかったので、すべて水流通しに遡ることができた。

それにしても水が冷たい。高山の冷たい水は、登山道

下の黒ビンガ、ゴルジュ

などを登っているときに飲んだり顔を洗ったりすると気持ち良いが、泳ぐには冷たすぎる。泳いだ後は体が冷える。日なたの岩の上で体を温めているときは、春先などに道路に寝そべっているヘビの気持ちがよくわかる気がする。

ゴルジュを抜けると、川幅が広くなり視界が開けた。前方を見上げると薬師岳が聳えていた。上の黒ビンガで再びゴルジュとなった。横の岩壁からいくつもの美しい滝が落ちていて見事な光景だ。上ノ廊下は次から次へと見せ場が現れて、飽きることがない。このように変化のある谷は、「この先はいったい何が現れるのだろうか」と、ワクワクしながら歩けるので、興味が尽きない。

上の黒ビンガを抜け、岸の高みでテントを張った。同行した仲間は焚き火の用意をし、私は岩魚釣りに挑戦した。夕食に食べる岩魚を最小数ゲットしてテント場に戻った。星空の下、持参した酒を酌み交わしながら、遠火で岩魚を焼き、友と語らい、静かな夜を過ごした。

上の黒ビンガ。今日は水量が少ない。遡行には絶好だ

左右、大小の沢から清流が集まる

〈三日目〉

昨日の緊張を強いられる渓相とは異なり、今日の遡行は多少は気が楽である。と言っても、名だたる上ノ廊下、やはり緊張しながら谷を遡った。

立石奇岩は名前のとおり、柱のような岩が一本そそり立っていた。見上げれば首が痛くなるほどの高さである。50メートルはあろうか、奇岩の後ろから入り込む小沢に脇を削られ、取り残されたのだろうか。美しい渓谷はもちろんのこと、取り巻く数々の秀峰も黒部川の作品だと考えると、黒部川は自然界でも一流の彫刻家だと思う。やがて薬師沢と出合った。ここまで来ると深く切れ込んだ谷は終わり、小屋が現れ、登山道が谷を横切る。核心部が終わった。

さらに上流の赤木沢出合を幕営地にした。気持ちの良い草地にテントを張った後、出合に広がるプールのように大きな淵で遊んだ。その明るいエメラルドグリーンがあまりに美しく、水の冷たさも忘れて飛び込む。そして、水中眼鏡を着けて潜る。緑の世界が遠くまで見渡せ、

上の黒ビンガの滝

まさに魚になった気分だ。

〈**四日目**〉

今日は、支流の赤木沢周辺の沢登りを楽しんだ。赤木沢は滝の美しい沢だ。水しぶきを浴びながら連続する滝を快適に登った。この沢は、高捲きせずに直登できる滝が多いのが嬉しい。最上部はなだらかなお花畑となり、藪漕ぎもなく登り終える。下りは東隣りのウマ沢を下り、赤木沢の出合に戻った。

〈**五日目**〉

今日はゴーロに変わった本谷を黒部川源流まで登った。左右から入り込む沢を過ぎるたびに、流れは小さくなっていく。源流と聞くと、岩から滴る一滴、あるいは湧き出る泉をイメージするが、実際には多くの沢は涸れ沢から水がにじみ出て始まる。その時の水量によって源頭は常に上下しているのだろう。黒部川もこのように生まれていた。長かった旅を振り返り、大自然の豊かさを感じながら、黒部川上ノ廊下の遡行を静かに終えた。

本流に流れ込む赤木沢。黒部源流域だ

源《げん》流《りゅう》の花《はな》

雲ノ平などに咲く高山植物

広大な溶岩台地である雲ノ平は、池塘と岩が点在し、高山植物の群落地ともなっている。特に景観の良い場所には、スイス庭園、日本庭園といったように独自の名前がつけられ、さまざまな高山植物が見られる。

主なものとして、チングルマ、ハクサンイチゲ、ワタスゲ（日本庭園周辺）、アオノツガザクラ、イワイチョウ、クロユリ、ハクサンフウロ、ヨツバシオガマ（雲ノ平山荘周辺）、高天原周辺ではコバイケイソウ、ワタスゲなどが知られる。

黒部五郎岳とお花畑

シナノキンバイ咲くお花畑（撮影：伊久間幸広）

コマクサ
高山の砂礫地だけに咲く。水晶岳の稜線でも見られる（7～8月）

チングルマ
花が咲いた後は羽毛状の果穂がよく目立つ（7～8月）

アオノツガザクラ
青緑がかった黄色い花色。葉はツガのように細く小さい（7～8月）

リンネソウ
下向きの鈴のような花。リンネは植物学者の名から（7～8月）

ハクサンシャクナゲ
ハイマツ帯などに咲く、大きめでよく目立つ花（7～8月）

ムシトリスミレ
黒部源流の湿地などに見られる（7～8月）

イワツメクサ
高山の稜線近くに見られる。花弁は二裂し、10枚に見える(7～9月)

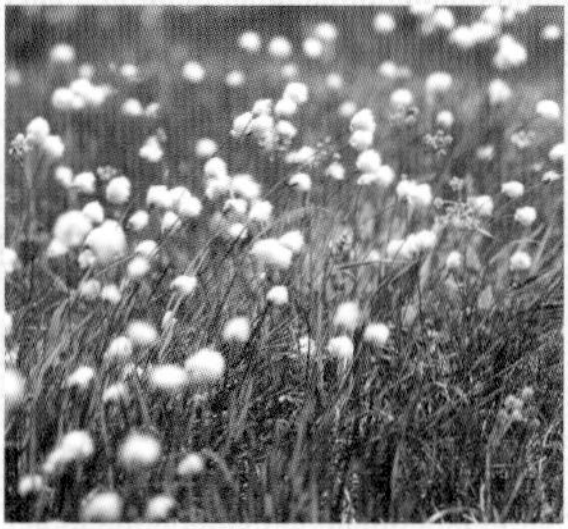

ワタスゲ
高天原などに群生する。風にそよぐ白い果穂が夏らしくさわやか(6～8月)

ミヤマキンポウゲ
水晶岳の雪渓や、雪田近くに大群落をつくる(6～8月)

ハクサンイチゲ
三俣蓮華岳などの稜線に咲く。純白の花をまとめてつける(7～8月)

コバイケイソウ
太くたくましい大型植物。白い小花を穂のようにつける(6～8月)

クルマユリ
花は直径5～6cm。お花畑でもひときわ華やか(7～8月)

黒部源流の動物

「小さな猛獣」オコジョ。よく見かけるライチョウ

高山を代表する哺乳類と言えば、まずオコジョがあげられる。高山帯から亜高山帯にかけて生息し、時には稜線の山小屋やテント場近くにも現れる。運良く出合えれば、その愛くるしい姿に感激するだろう。夏毛は茶色だが冬毛は純白で、尾の先端だけが黒い。姿に似合わず獰猛で、時にはノウサギなども襲い、「小さな猛獣」とも呼ばれている。

国の特別天然記念物として知られるニホンカモシカは、低山帯から高山帯まで広く分布している。長野県の県獣にも指定されていて、保護により近年は増えすぎて、植栽林などを荒らすため駆除されることさえある。

また、ツキノワグマも残飯を求めて山小屋近くに現れることがある。ミズナラなど大木の枝先には枝をたぐり寄せた「クマ棚」もよく見られる。

ニホンカモシカ
「黒部の山賊」たちの主な狩猟動物だった

イヌワシ　下ノ廊下の大峡谷を悠然と飛翔する

オコジョ（冬毛）
全長20cm 足らず、イタチ科の動物。愛らしいがすばしこい肉食獣

ツキノワグマ
別名「山おやじ」。山歩きの時はクマよけ鈴を携帯したい

ニホンザル
世界の最北限に暮らすサル。信州・扇沢周辺などに多い

ニホンリス
木の実が大好物。高原や山地の森によく見られる

サワガニ
水のきれいな渓流沿いに生息。沢の小石の下によく隠れている

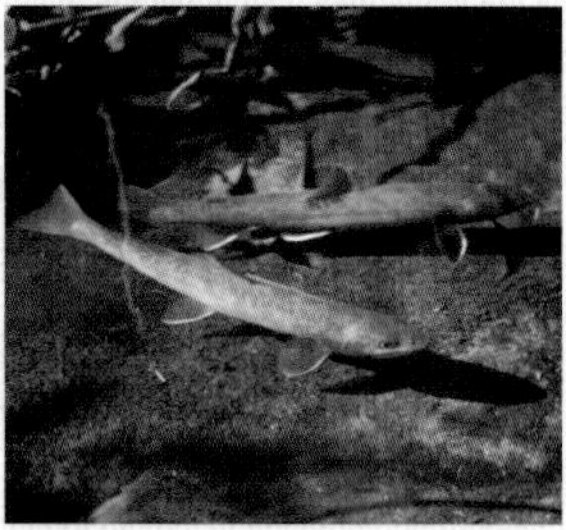

イワナ
冷水域の渓流の最上部に棲む。その下流にはヤマメが見られる

イヌワシ
日本産ワシ類最大。高山から低山までを生息圏とするが絶滅が心配される

ライチョウ(夏羽)
高山帯にだけ生息し、登山道沿いにもよく現れる。冬には純白に換毛する

ウソ
針葉樹林で繁殖。「フィフィー」と口笛のようにさえずり、冬は平野で観察できる

ホシガラス
高山帯と亜高山帯の針葉樹林が主な生息地。ハイマツの実などを食べる

ビンズイ
初夏から夏に亜高山帯の開けた場所で見られる。ベルを鳴らすような美声

メボソムシクイ
夏鳥として亜高山帯で繁殖。「チョチョリチョチョリ」と鳴く声で分かる

タカネヒカゲ
標高2,500mを超える北アルプスと八ヶ岳の稜線にだけ生息する真性高山蝶

岩苔乗越付近からの三俣蓮華岳、双六岳方面。はるかに笠ヶ岳を望む

第2章 黒部源流への道

大汝山
3,015
室堂
3,003 雄山
黒部ダム
鳴沢岳
龍王岳
赤沢岳
御山谷
黒部湖
扇沢
鷲岳
室堂～薬師岳～薬師沢コース
平ノ渡
針ノ木岳 2,821
蓮華岳
針ノ木谷
北葛岳
越中沢岳
黒部川
船窪岳
七倉岳
廊下沢
下の黒ビンガ
上の黒ビンガ
南沢岳
不動岳
間山
折立
上ノ廊下
烏帽子岳 2,628
金作谷
薬師岳
2,926
赤牛岳
2,864
東沢谷
高瀬ダム～裏銀座コース
折立～太郎兵衛平～薬師沢コース
三ツ岳
高瀬ダム湖
太郎兵衛平
奥ノ廊下
読売新道コース
岩苔小谷
裏銀座コース
高瀬～湯俣コース
薬師沢
水晶岳
(黒岳)
2,986
野口五郎岳
2,924
雲ノ平
真砂岳
2,862
北ノ俣岳
(上ノ岳)
赤木沢
祖母岳
高瀬川
燕岳
2,763
祖父岳
赤木岳
黒部源流
鷲羽岳
2,924
竹村新道
湯俣
三俣蓮華岳
2,841
新・伊藤新道
黒部五郎岳
(中ノ俣岳)
2,840
樅沢岳
双六岳
2,860
大天井岳
2,922
岐阜県
鏡平
槍ヶ岳
3,180
表銀座コース
至上高地
新穂高～双六コース
至 新穂高温泉
上高地～槍ヶ岳～三俣蓮華コース

第2章

黒部源流への道

本州きっての山岳地帯・北アルプスの最深部に黒部源流はある。その源流域への道は長い。かつて、その地へ入る者はクマやカモシカなどを求める猟師、イワナを釣る職業釣り師、鉱脈、鉱山を探し求める山師など、ごく限られていた。

江戸時代までは、北陸の盟主・加賀前田《かがまえだ》藩の〝山廻役《やままわりやく》〟によって、黒部川流域一帯も伐木運材《ばつぼくうんざい》が厳しく取り締まられてきたと言われるが、その歴史的遺産とも言えるものが、今見る黒部の原生林の美ではないだろうか。

やがて昭和に入ると黒部川の豊富な水資源を活用すべく、水力発電ダム建設のための現地調査の人々も入るようになった。だが、まだ登山者はほとんどおらず登山道などはなく、職業猟師たちが粗末な山小屋に住みつつ、山から里、里から山へと、自分たちの食料や捕獲した獣やイワナを運ぶ足跡だけが残るような小さな山道しかなかった。

その後、戦後の登山ブームとともに、これらの山道や山賊の巣とも思われ恐れられてきた山小屋は少しずつ造り直され、黒部川流域を取り囲む富山、長野、岐阜各県からの登山コースが、いくつも整備されてきた。また、黒部ダム（くろよん）完成により、登山者はもとより、多くの一般観光客も黒部峡谷の威容を目の当たりにすることができるようになった。

しかしながら、富山県欅平《けやきだいら》から下ノ廊下を経て黒部ダムへと至る登山ルートは、冬の豪雪と雪崩《なだれ》や大岩壁の崩壊などのために毎年秋まで関西電力による整備作業が行われ、一般登山者が通行できるのは秋の数週間以内だけとなっている。

さらに、上ノ廊下は完全な源流遡行ルートであり、登山道などは一切ない超難度のエキスパートコースだ。しかも、その夏の好天や本流の減水などの好条件の時だけ、上ノ廊下遡行経験者の同伴付きで、各自の遡行技術、経験、完全装備をもってのみ遡行可能であることも承知しておきたい。

現在、黒部源流まではいくつもの登山道があるが、ここで紹介するコースは、いずれも三泊四日以上の日程を要する。登山グレードも初級者向きから上級者向きまで、さまざまである。読者諸氏の山行のために、ごく大まかにだが、紹介したい。

夏雲と雲ノ平山荘

槍《やり》ヶ《が》岳《たけ》西《にし》鎌《かま》尾根《おね》～三俣《みつまた》蓮華《れんげ》コース

初日は上高地から梓川《あずさがわ》沿いに横尾《よこお》か槍沢《やりさわ》入り口まで進み、山小屋で一泊したい。翌日は槍ヶ岳山頂を目指し、槍ヶ岳山荘や山頂周辺の山小屋に泊まろう。３６０度の大展望と、朝夕の大ページェントを満喫したら、黒部源流を目指し西鎌尾根を下る。

一気に登山者は少なくなり、急坂かつ大小の岩が登山道を塞ぐように堆積する場所や、足場の悪いヤセ尾根やクサリ

場もある。転倒や滑落などしないように、慎重に歩みたい。

千丈沢乗越《せんじょうさわのっこし》を過ぎ、左俣岳《ひだりまただけ》のヤセ尾根に出ると槍ヶ岳の北側に走る北鎌尾根《きたかまおね》の険しい岩稜がよく見えるようになり、硫黄尾根《いおうおね》の荒涼とした山塊が近く、硫黄の臭いが鼻をつく。時折、岩場に咲くイワギキョウやイワツメクサなどに心安らぐ。

樅沢岳《もみさわだけ》から下ると、新穂高温泉から鏡平《かがみだいら》、弓折岳《ゆみおりだけ》を登ってきた小池新道《こいけしんどう》との合流地点・双六小屋に着く。ここから中道を通り三俣蓮華岳まではゆるやかな丘陵地形で、のんび

三俣蓮華岳から見た槍ヶ岳西鎌尾根コース（撮影：桒田義秀）

りと槍ヶ岳などを眺められるアルプスのプロムナードだが、霧や雨の日などは逆に迷いやすいので注意したい。

三俣蓮華岳の山頂からは、ハイマツ帯のはるか眼下に赤い屋根の三俣山荘が見える。

黒部源流の盟主とも言える鷲羽岳はその先にどっしりとした三角錐の山容を見せ、黒部川源流の狭い谷の西には雲ノ平が大きく広がっている。ここから先の一帯は黒部源流の最も優雅な世界だ。個性的な山小屋も点在し、コースの選択も自由だ。

参考コースタイム

上高地→横尾（3時間10分）→槍ヶ岳山荘（7時間）→双六小屋（3時間30分）→三俣山荘（2時間30分）

三俣山荘の展望レストランより

残雪の三俣蓮華岳（右の台形の山）と双六岳（左奥）。赤い屋根は三俣山荘。
鷲羽岳中腹から（撮影：伊久間幸広）

新穂高《しんほたか》～双六《すごろく》（小池新道《こいけしんどう》）コース

新穂高温泉までは快適なドライブコースだ。新穂高ロープウェイ駅近くの駐車場に車を停めよう。バスの便もある。

双六岳への登山道はわさび平《だいら》小屋を過ぎ、蒲田川《がまたがわ》沿いに左俣谷《ひだりまただに》に入り、小池新道を北上してゆく。弓折尾根《ゆみおりおね》の急登を登り切ると槍・穂高連峰の絶好の展望地、鏡平《かがみだいら》となる。

小さな池には、槍・穂高連峰が映り込み、つい撮影に熱中して長居をしてしまうが、

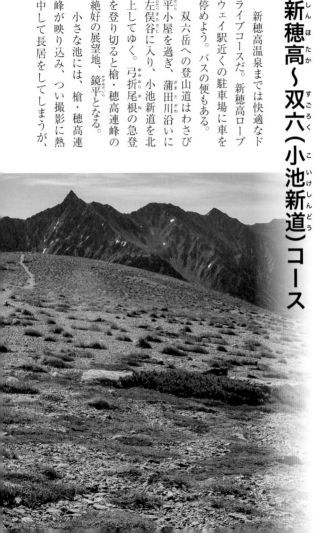

春、夏、秋それぞれの彩り、空や雲の変化、朝夕の山岳景観と、この鏡平周辺だけでも一冊の写真集ができそうなほどだ。さらに登って弓折岳を越えると尾根状になり、1時間ほどで双六小屋に着く。展望抜群の双六岳を経由して、三俣山荘へと北上しよう。双六岳山頂から1時間ほどで三俣蓮華岳だ。ハイマツに覆われた山頂のその先には鷲羽岳がどっしりと聳え立ち、眼下に雲ノ平が広がる。

振り返って南を望むと、西鎌尾根の岩だらけの稜線が槍ヶ岳山頂へと連なっている。眼

ゆったりとした丘状の双六岳山頂稜線と槍ヶ岳（撮影：likely 栗田義秀）

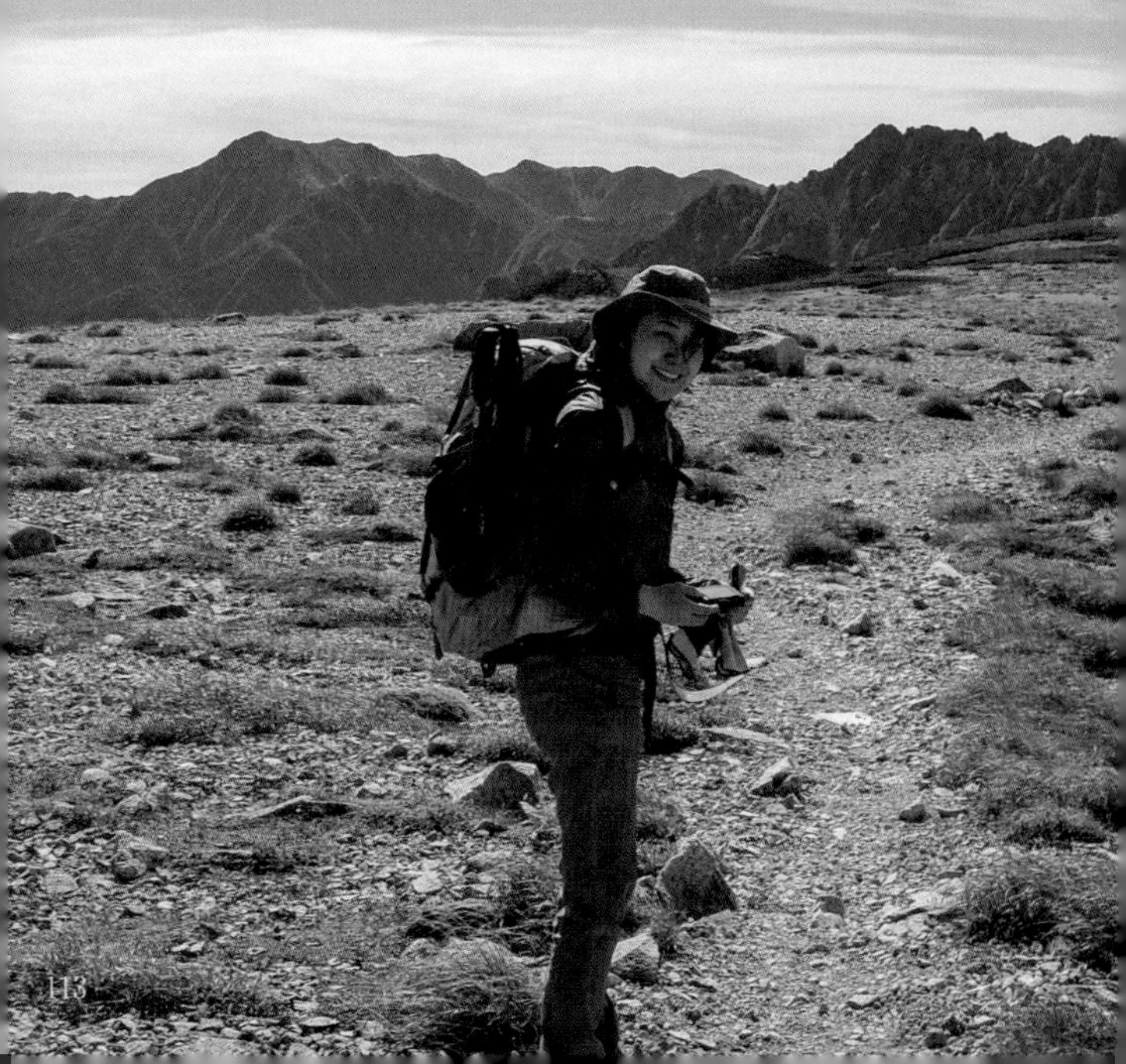

下に小さく目に入る原生林を縫うように黒部源流へと下る。雲ノ平山荘までは源流の水際から急登し、そこからは広大な溶岩台地を散策しつつ日本庭園、スイス庭園などを巡る天上コースとなる。

鏡平から弓折岳への稜線にて

屏風のように連なる槍・穂高連峰と鏡池（撮影：桒田義秀）

参考コースタイム

新穂高温泉→双六小屋（7時間30分）→三俣山荘（2時間30分）→雲ノ平山荘（3時間20分）

弓折乗越

折立《おりたて》～太郎兵衛平《たろべえだいら》～薬師沢《やくしざわ》コース

　全国からの登山者やイワナ釣りの入山者も多い人気のコース。富山県の折立まではバスかマイカーで入る。折立の登山口からしばらくは急坂だが、立山杉《たてやますぎ》の樹林帯を経て高原状の広く整備された太郎兵衛平まで、ゆるやかな登山道を登る。

　所要時間は5時間ほど。木道も整備され危険箇所は少なく、ニッコウキスゲの群落など、花も多い。

　峠からの展望は、北を見れ

ば大らかな薬師岳、東には水晶岳、雲ノ平、祖父岳、三俣蓮華岳などが展開し、いよいよ黒部源流入りを実感する。

翌日は薬師岳を往復し、峠の太郎平《たろうだいら》小屋《ごや》でもう一泊するのもいいし、太郎平小屋から2時間半弱でその日のうちに薬師沢小屋まで下ることもできる。

薬師沢への道には小さな渡渉箇所もある。樹林帯を抜けると、夜毎《よごと》叫び声が聞こえるなど、さまざまな伝説が伝わるカベッケが原となる。イワナ釣りの人々や雲ノ平へ向かう登山者で賑わう薬師沢小屋は

太郎兵衛平湿原。東方には黒部源流域の水晶岳、雲ノ平、三俣蓮華岳などが連なる

もうすぐだ。黒部川本流と薬師沢はここで合流する。瀬音が心地よい。

次の日は本流の赤い吊り橋を渡り、雲ノ平へ向かう。高原状の雲ノ平までは標高差約600メートル。急な樹林帯を登り切れば憧れの地だ。

太郎兵衛平

太郎兵衛平から薬師沢小屋へ。途中にあるカベッケが原（撮影：伊久間幸広）

参考コースタイム

折立→太郎平小屋（5時間）→薬師岳往復（5時間40分）→薬師沢小屋（2時間20分）→雲ノ平山荘(3時間20分)

薬師沢小屋入り口

薬師沢小屋への道はよく整備されている

高瀬ダム〜烏帽子岳〜野口五郎岳〜水晶小屋〜雲ノ平

高瀬《たかせ》ダム〜裏銀座《うらぎんざ》縦走《じゅうそう》コース

長野県大町市から高瀬渓谷《たかせけいこく》沿いに車を走らせると30分ほどで七倉《ななくら》の駐車場に着く。一般車はここまでとなる。

ここからはタクシーで、巨石を積み上げた高瀬ダムの堤上まで行く。吊り橋を渡ると「日本三大急登《さんだいきゅうとう》」のひとつ、烏帽子《えぼし》岳《だけ》へのブナ立尾根《たておね》だ。登山道はその名のとおりブナを主とした原生林の中をひたすら折れ曲がりつつ高度を上げてゆく。

高瀬ダム湖

急登が続くブナ立尾根

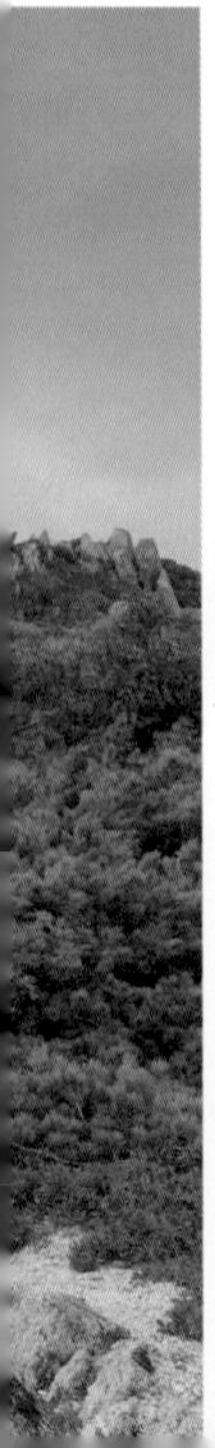

5時間半ほどでブナやダケカンバ、シラビソなどの原生林を登り切ると一気に視界が開け、烏帽子小屋に到着する。小屋からは30分ほどで烏帽子岳山頂に行ける。砂礫地ではコマクサが美しい。花崗岩の尖峰が山頂で、その登山道沿いはさまざまな奇岩と槍ヶ岳の遠望が印象的だ。北方には立山連峰が望める。

裏銀座コースは烏帽子岳からゆるやかな稜線が、三ツ岳《みつだけ》、野口五郎岳《のぐちごろうだけ》、真砂岳《まさごだけ》、水晶岳(黒岳)、ワリモ岳、そして黒部源流の地である鷲羽岳《わしばだけ》へと続く。

一見、雲上のプロムナードの

岩の尖峰が際立つ烏帽子岳(撮影：伊久間幸広)

ごとく、眺望の良い快適な縦走路だが、実は北アルプスでも屈指の強風が吹く稜線であり、かつて水晶岳への分岐に建てられた水晶小屋は建設途中、2回も強風により吹き飛ばされたという。

　野口五郎岳から真砂岳、水晶小屋を過ぎると、いよいよ黒部源流の世界だ。岩苔乗越《いわごけのっこし》へ下り、祖父岳を経て雲ノ平一帯を巡るか、ワリモ岳から鷲羽岳を目指すのも贅沢な楽しみだ。

水晶小屋付近からの鷲羽岳方面。
左に槍ヶ岳北鎌尾根が見えている（撮影：伊久間幸広）

参考コースタイム

高瀬ダム→烏帽子小屋（5時間30分）→烏帽岳往復（1時間）→水晶小屋（6時間）→祖父岳（1時間20分）→雲ノ平山荘（1時間10分）

烏帽子岳から野口五郎岳、鷲羽岳へと続く裏銀座

高瀬渓谷《たかせけいこく》〜湯俣《ゆまた》〜竹村新道《たけむらしんどう》コース

高瀬ダム湖は後立山連峰と裏銀座縦走コースの狭間に、南北約4キロメートル、幅500メートルほどで一直線にのびる長大なダム湖だ。この特徴的な湖の右岸には幅2〜3メートルの平坦な林道がつけられているが、これはかつて森林鉄道のトロッコが敷設されていた跡だ。

ダム湖の奥は4キロメートルほどの細く平坦な登山道となる。高瀬ダム湖より奥は人影も少なく、北には不動《ふどう》岳《だけ》、船窪岳《ふなくぼだけ》などが見える。また山間の南方に槍ヶ岳北鎌尾根《きたかまおね》の独標《どっぴょう》と槍ヶ岳

高瀬ダム湖と不動岳など

湯俣川沿いの露天風呂でひと風呂

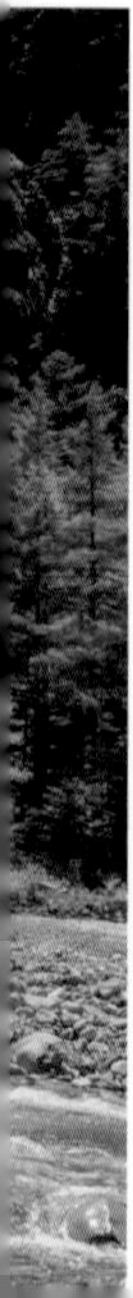

本峰を望める場所がある。

高瀬渓谷は、実は50年近く前、山岳観光地として開発する計画があった。いずれは土砂に埋まるであろう上高地に代わる地として計画されたが、残念ながら高瀬ダムの完成と同時にその話は立ち消えになったと言われる。

林道終点から2時間ほどで「湯水《ゆみず》の出合《であい》」、つまり湯俣川《ゆまたがわ》と水俣川《みずまたがわ》の合流地点に着く。そこが湯俣温泉で、吊り橋を渡ると旅館のように立派な晴嵐荘《せいらんそう》がある。ここは山奥の湯治場《とうじば》および裏銀座コース〝竹村新道〟への登山ベースとなっている。

またかつては、黒部源流域への最短登山ルート〝伊藤新道《いとうしんどう》〟の拠点としても賑わっていたが、高瀬ダムの完成以降、

ダムから1時間ほど湯俣方面へ進むと槍ヶ岳北鎌尾根が見える（撮影：伊久間幸広）

伊藤新道は登山者の激減により現在まで40年近く廃道となっていた。

　この湯俣川沿いの伊藤新道は、2023年度から専任ガイド同行推奨のエキスパート向け最短コースとして再開されるという。新たな伊藤新道に期待したい。

　さて、竹村新道は湯俣温泉・晴嵐荘の横から一気に急登となる。30分ほどで絶好の展望地があり、眼下には湯水の出合とその吊り橋が望め、真南のはるか先には槍ヶ岳北鎌尾根の尖峰が目立ち、原生林と水俣川の流れの絶妙な山岳美が堪能できる。まるで山水画の典型を見るようだ。

　登山道は湯俣岳、南真砂岳《みなみまさごだけ》を経て真砂《まさご》岳《だけ》に達するが、このルートを登る登山者はごく少なく、裏銀座から大町へ下る人だけが下山口の湯俣温泉の湯を楽しみに利

竹村新道の頂点・真砂岳（撮影：伊久間幸広）

用することが多い。事前に晴嵐荘などにコース状況を確認していただきたい。

　真砂岳からは烏帽子岳からの裏銀座縦走コースに合流して、稜線を行くと、2時間ほどで水晶小屋に着く。

参考コースタイム

高瀬ダム→湯俣温泉（3時間）・竹村新道→真砂岳（7時間）→水晶小屋（2時間）→祖父岳・雲ノ平山荘（2時間30分）

竹村新道登り口から30分ほどの展望台

竹村新道、真砂岳への稜線近く（撮影・伊久間幸広）

特集

北アルプス最奥・黒部源流域への最短ルート

2023年、幻の古道・「伊藤新道」が復活

ガイド付きエキスパートコース

伊藤新道は終戦後まもなく、北アルプス最奥部の黒部源流域にある三俣山荘の主・伊藤正一《いとうしょういち》氏が、長野県大町市の高瀬渓谷・湯俣から三俣山荘まで一日で登れる最短ルートを目指して開発したものだった。

湯俣から三俣山荘までのルートは地形的にも複雑で、7年間の現地調査と3年の歳月をかけてようやく開通した。しかし、1969年、高瀬ダムの工事開始により登山者は激減し、1983年、伊藤新道はほぼ不通となってしまった。

三俣山荘の二代目・伊藤圭《いとうけい》氏はその後もルー

湯俣川は硫黄岳の火山活動により、赤っぽい岩肌が露出する（撮影：伊久間幸広）

ト再開を目指して廃道の整備や草刈りなどを山仲間たちと続けてきた。全国からのクラウドファンディングや現地ボランティアの活動等により、資金や協力体制も整い、2021年、湯俣川の難所には新たな吊り橋を架け、避難小屋の建設を残して、ルート整備もほぼ完了した。また、登り口の湯俣山荘も2023年度から営業再開の予定だ。

しかし、この新ルートも湯俣川の難所を渡渉するような地点が多く、ルート・ファインディングなどの経験、技術と8時間以上行動できる登山体力が必要な上級者向けコースだ。山行の際は事前に三俣山荘か湯俣山荘にて最新情報を確認し、沢歩き経験者の同行かガイド付きでの利用を推奨する。

また、登山道の維持管理や山域の整備体験な

湯俣温泉から湯俣川沿いに1時間弱。
国指定の天然記念物「噴湯丘」

どを通して、登山者自らが山小屋関係者らととともに山と親しみ、山を守るという心を育んでほしいと願い、一般社団法人ネオアルプス（大町市）を設立、会員を募集している。このため専任ガイドの養成、技術の伝達なども目指したいという（会員募集の詳細はネオアルプスのウェブサイトで）。

一日に数百人もの宿泊者を数えるメインルートの山小屋とは異なり、この北アルプス最奥のいくつかの山小屋は、それら皆の想いと、支援・協力がますます必要になるだろう。

2021年、再建された第一吊り橋
（撮影：伊藤 圭）

新・伊藤新道は鷲羽岳への稜線コースから東（右）へと入る

湯俣川に架かる新しい吊り橋を一人ずつ渡る（撮影：伊藤 圭）

黒部湖《くろべこ》〜赤牛岳《あかうしだけ》〜水晶岳《すいしょうだけ》（読売新道《よみうりしんどう》）コース

※黒部ダムから平乃小屋・平ノ渡まで徒歩で約4時間。

黒部湖・平《たいら》ノ渡《わたし》の関西電力の定期船で対岸の登山道へ渡り、約2時間。本流沿いの荒れ地やいくつもの急設のハシゴなどを経て、ようやく奥黒部《おくくろべ》ヒュッテに至る。

ここから黒部源流の一角、赤牛岳から水晶岳につながる長大な読売新道が始まる。赤牛という山名は、ゆったりと寝そべっている大きな赤い牛のようだからついたと言われる。水晶岳の山頂付近から黒部川上ノ《かみの》

読売新道。人の気配はほとんどない（撮影：伊久間幸広）

廊下《ろうか》の遡行口である東沢口《ひがしざわぐち》まで原生林を一直線に下る東沢谷は、裏銀座縦走コースのどこから見ても、大らかな赤牛岳の寝姿と相まって存在感がある。

読売新道は難所ではないが、とにかく長距離で避難施設などは整備されていない。ガレ場や落石などにも注意が必要だ。奥黒部ヒュッテから水晶岳まで登り10時間。下りでも7時間半ほども要する。しかも途中に山小屋も水場もないので、体力に相当自信のある登山者向けだ。

一日歩き続けて、ほんの数

クロベやシラビソなどの巨木が聳える（撮影：伊久間幸広）

人にしか出会わない時もある。だから、この読売新道で他の登山者に出会うと、お互いの挑戦を励まし合いたくなる。もちろん、悪天候が予想される時は万一を考えて避けたほうがいいだろう。

参考コースタイム

奥黒部ヒュッテ→赤牛岳(7時間)→水晶岳(3時間)→水晶小屋(30分)→祖父岳・雲ノ平山荘(2時間30分)

水晶岳から赤牛岳を見る。その先が長大な読売新道となる(撮影：栗田義秀)

温泉沢の頭。水晶岳と赤牛岳間の稜線にある高天原への分岐点（撮影：栗田義秀）

室堂《むろどう》～薬師岳《やくしだけ》～太郎兵衛平《たろべえだいら》～薬師沢《やくしざわ》コース

立山室堂《たてやまむろどう》から五色ヶ原《ごしきがはら》、薬師岳、太郎兵衛平を経て、薬師沢出合に至るロングコース。

また、太郎兵衛平では折立を出発点とし、黒部五郎岳、三俣蓮華岳、双六岳、槍ヶ岳へと縦走する西銀座ダイヤモンドコースともつながる。

室堂からは、黒部湖を眼下に浄土山《じょうどさん》、龍王岳《りゅうおうだけ》、ザラ峠他を縦走し、五色ヶ原山荘に一泊しよう。薬師岳はまだはるか南にある。

立山室堂の春6月。ミクリガ池もまだ残雪に埋まる

五色ヶ原はニッコウキスゲやチングルマの群落が美しい。また、初秋の草紅葉も捨てがたい。黒部湖を挟んで、対岸には針ノ木岳《はりのきだけ》をはじめとする後立山連峰が連なる。

二日目は五色ヶ原から越中《えっちゅう》沢岳《ざわだけ》、間山《まやま》、北薬師岳《きたやくしだけ》などを縦走して薬師岳を目指すが、山行は長いので十分な装備と水、食料などを用意したい。

薬師岳は、標高2、926メートルの、北アルプスでも屈指の高峰であると同時に広大な山域を持ち、東面には国の特別天然記念物に指定されている〝薬師岳圏谷《やくしだけけんこく》(カール)群《ぐん》〟がある。

チングルマの花。五色ヶ原

なだらかな五色ヶ原(撮影:桒田義秀)

越中沢岳山頂

山頂から南西への道は比較的なだらかで安全なコースで、2時間半弱で太郎兵衛平に至る。

太郎兵衛平からは薬師沢を下り、雲ノ平へ登り返すが、さらに稜線沿いに進み、その長大なダイヤモンドコースにある黒部五郎岳から三俣蓮華岳、さらには槍ヶ岳を目指すルートは健脚者向けだ。

立山・浄土山からの五色ヶ原（中央）、後方は黒部源流域

ゆるやかな傾斜の五色ヶ原と、その奥には
鷲岳、獅子岳、立山・雄山など（撮影：桒田義秀）

参考コースタイム

立山室堂→五色ヶ原（5時間20分）→スゴ乗越小屋（5時間40分）→薬師岳（3時間30分）→太郎平小屋（2時間20分）→薬師沢小屋（2時間20分）→雲ノ平山荘（3時間20分）

黒部源流、朝霧に濡れるコマクサ

第3章

上ノ廊下 人寄せつけぬ大秘境

大増水した上ノ廊下、岩苔小谷出合付近

第3章

上ノ廊下　超エキスパートだけが挑戦可能

上ノ廊下《かみのろうか》は、薬師沢出合の下流から黒部湖流入口に近い、奥黒部ヒュッテまでのゴルジュ（岩場の谷）の連なる大峡谷で、夏、秋のわずかな期間にごく少数のエキスパートしか入渓できない、北アルプスでも最難度の秘境沢登りコースとなっている。

さらにその冬の残雪量により、雪解けの水量は毎年大きく変化する。また、台風やその夏の大雨などによる甚しい増水によって遡行できない年もある。このような時には、潔く遡行はあきらめなければならない。

もちろん登山道はなく、そのコースのおよそ半分以上は岩場を高捲くか、ザイルで確保しながら腰や胸近くまで奔流に入り、押し流されそうな水流と闘いながらじりじりと前に進むか、ザイルを渡し、ひと思いに奔流に飛び込み、ザイル伝いに泳ぎ渡るしかない。単独での入渓は不可で、上ノ廊下遡行経験者のリーダーシップとルート・ファインディング、さらにメンバー全員の沢登り技術と経験が求められる。

まず奥ノ廊下と呼ばれる薬師沢出合から下流の説明だけ先にしておきたい。ここだけは一般登山者も上ノ廊下のごく一部を垣間見ることができるからだ。薬師沢出合から谷沿いを下ると、大東《だいとう》新道《しんどう》から高天原峠《たかまがはらとうげ》へと樹林帯を登り出すあたりから、上ノ廊下は荒々しい風貌を現し始める。谷はがぜん狭くなり、両岸から岩壁が迫ってくる。本流に合流した薬師沢の水を集めた激流は、ここで激しく飛沫を上げ、巨岩のゴルジュへと吸い込まれてゆく。

廊下とは、黒部の谷に分け入った越中《えっちゅう》（富山県）や信州《しんしゅう》（長野県）のイワナ釣り人や猟師たちがつけた名で、垂直に近い急峻な岩壁が両岸に聳え、その間を川が通り抜ける地形をそう呼んでいる。上ノ廊下はさらに薬師岳からの大支流・金作谷《きんさくだん》から上流の奥ノ廊下と、下流の中ノ廊下とに分けられるが、断続的に15キロメートルあまりにわたって、廊下状の谷が続いている最難所だ。

上ノ廊下は8月から9月上旬までが遡行シーズンとされ、それ以外の期間は雪解けの圧倒的な水量と、手が切れるような冷たい黒部の水が人を拒んでいる。薬師岳に10センチ以上の新雪が積もった10月初め、上ノ廊下の水は完全防水・防寒の装備を通してさえ、背筋がこわばるほど冷たかった。

十数回の徒渉と高捲きの後、目的地の岩苔小谷出合に着いた時には予定の正午を2時間以上オーバーしていた。右岸に50メートルあまり垂直にそそり立つ巨岩・立石奇岩《たていしきがん》が見えてくる。まさしく奇岩。アルプスの創造主が巨大な斧で一気に切り出したような存在感。直立する巨岩にただ唖然とする。人を拒絶する上ノ廊下の神か番人か。

赤茶けた奇岩のすぐ下流から岩苔小谷出合までは巨大なゴルジュ帯で、川通しにはとても歩けず、私たちはやむを得ず奇岩の裏手からゴルジュの上を高捲いた。両岸の黒く沈んだ岩の群れの只中を、黒部川は逆光を浴び、全貌を浮かび上がらせて、ひたひたと流れている。静まりかえった峡間を音もなく、ひたすら押し寄せる黒部の流れ。息を呑むような存在感だ。この時の一枚こそ、黒部を写した最高の作品となったが。

　岩苔小谷出合から下流は、右岸から黒部源流の北端、赤牛岳からの赤牛沢、左岸からは薬師岳山頂北面のカールを源とする金作谷が出合う。やがて上ノ廊下の象徴とも言える上《かみ》の黒《くろ》ビンガが、さらに下流には下《しも》の黒《くろ》ビンガの暗灰色の大岩壁が、一直線に本流に落ち込む。冠松次郎は《絶大な斧でそがれたように》と形容しているが、ビンガとかタテガビンというのは、巨大な岩壁がはるか頂《いただき》までそそり立つ地形を指す、黒部独特の言葉らしい。

　下の黒ビンガ直下の大きく蛇行した川岸の巨岩上から奔流を覗く。花崗岩の川床は眩しいほど白く、岩の下で深く大きな淵をつくる水は、澄んだセルリアンブルーの色合いが美しかった。ふと飛び込んでしまいたい衝動に駆られたが、じっと淵を覗き込んでみると水深はとても背の立つようなものではない。一見、動きのない淵の中は実は巨大な川のエネルギーによって底から押し上げられるように、たえずうごめいているのを知り、不意に吸い込まれるような魔力を感じて、恐ろしくなった。

　ここから2キロメートルほど下流に瀟洒《しょうしゃ》な奥黒部ヒュッテがある。いわば上ノ廊下の遡行ベースだ。遡行状況などを確認したい。黒部ダムからはダム湖畔の林道歩きとダム湖を渡る平《たいら》ノ渡《わたし》の渡し船（無料）に乗り、さらにアップダウンのきつい湖畔沿いの読売新道を3時間あまりの登りとなる。

圧倒的な迫力、下の黒ビンガ

"平ノ渡"から渡船で対岸へ

黒部ダムで遡行準備

上流の対岸へは
ザイル確保で渡るしかない

対岸は悪路の連続

上《かみ》ノ《の》廊下《ろうか》の釣行《ちょうこう》

遡行可否を判断し、サブプランとして

黒部ダムから上ノ廊下へ

黒部と言えばイワナ。イワナと言えば黒部。かつて、あの北アルプス最深の地にわざわざ幾日も入山するのは、よほどの山好きか時間と経済的ゆとりのあるごく少数の人々、クマやカモシカ目当ての猟師、イワナ目当ての職業漁師、鉱山を探し求める山師くらいだったのではないだろうか。

手づかみで捕ったイワナ

ひと思いに奔流に飛び込む

大増水で遡行は断念！　その代わりの収穫
（写真提供：松尾雅子）

良型のニジマスを釣り上げる

現在でも、上ノ廊下へ向かう人たちは、ごく少数の遡行エキスパート・挑戦者や超ベテランのイワナ釣り師くらいだろう。

長野県大町市扇沢から鳴沢岳、赤沢岳直下を抜ける関電トンネルで黒部ダムに出る。湖畔左岸の悪路を4時間ほど歩くと平《たいら》ノ渡《わたし》に着く。関西電力が運行する定期エンジン船が無料で対岸に渡してくれる。運行期間は例年6月20日から10月31日までとなっている。ちなみに黒部川水系の釣り解禁期間は河口周辺から黒部ダム南端の平ノ渡までは3月1日から

9月30日までだが、事前に平乃小屋や奥黒部ヒュッテなどに、そのシーズンの状況なども含めて確認しておきたい。

この一帯は上ノ廊下と下ノ廊下に挟まれた黒部川流域としては最大級の平地に近い緩傾斜地で、かつては中ノ廊下と呼ばれていた。戦後まもなくまでは、ゆったりと流れ下る広い本流に2尺近くもあるイワナも見られたと言われる。

今、この巨大な黒部湖には昭和36年、黒部ダムの完成記念に放流されたニジマスの子孫たちが優雅に泳いでいるという。

黒部ダム下流から黒部湖と上流方面空撮。針ノ木岳（左）がひときわ目立つ

黒部のイワナは黒い

「黒部のイワナは黒い」とよく言われるが、上ノ廊下の深い淵でたまたま姿を見かけたイワナは確かに黒かった。巨岩の岩陰の黒く深い淵から一瞬姿を見せた。全くの一瞬、水面近くで身を翻し、黒い淵に姿を消した。その淵より黒い大きな目だけが脳裏に焼き付く。

そのイワナも、羽虫（カゲロウ成虫など）でも狙って飛び出してきたに違いなく、思わぬ先客が待ち構えていて驚いたことだろう。

何としても、この黒イワナを一枚、撮りたい。このイワナ

上ノ廊下。深く黒い淵の底から突然、尺近いイワナが現れ、一瞬にして消えた

こそ、黒部の主だ。

そっと淵から離れ、岩陰に潜み、先を急ぐ山行の貴重な1時間あまり、息をひそめて出現を待つ。一瞬だったが、2～3ショットだけ撮ることができた。水底に反転する瞬間、そのイワナと目が合った。暗い淵の中で、大きな黒い目が光った。

私の何回かの黒部入りは山と峡谷の景観撮影が目的だったので、釣り道具などはほとんど持って行かなかったが、同行の仲間が数回、イワナ釣りを試みたことがある。

“下の黒ビンガ”の奔流。川底まで澄んでいるが、実は圧倒的な水量

下の黒ビンガ、黒部のイワナ

もう、30年近く前の夏のことだが、中学時代からの山友・内田杉雄氏と黒部ダムからの長い道を経て平ノ渡を小型船で渡った。右岸の本流沿いの悪路を進み、急斜面につけられた丸太組みや太い針金とロープで組まれた急ごしらえの登山路をさらに上り下りして3時間、上ノ廊下の入り口でもある奥黒部ヒュッテに着いた。

黒部ダムから難路を歩くこと約7時間。瀟洒な山小屋が見えてきて、ようやくほっとした。本流にほど近いクロベとシ

ラビソの原生林の中、山小屋前の小沢から引いた清水で冷やしたビールがたまらない。
翌朝は快晴。上ノ廊下のイワナは、はたして釣れるだろうか。翌朝の6時前、フライ・フィッシングのベテラン・内田氏とともに奥黒部ヒュッテから30分ほどの上流から本流の瀬に入り、できるだけ小沢の入り口や小さな淵などを攻めてゆく。しかし、この日は快晴無風、景観の撮影にはもってこいだが、上流への遡行者もいる。場荒れか……イワナたちはすでに人の気配を感じているのでは。約2時間。アタリはない。ここまで来て釣果ゼロか

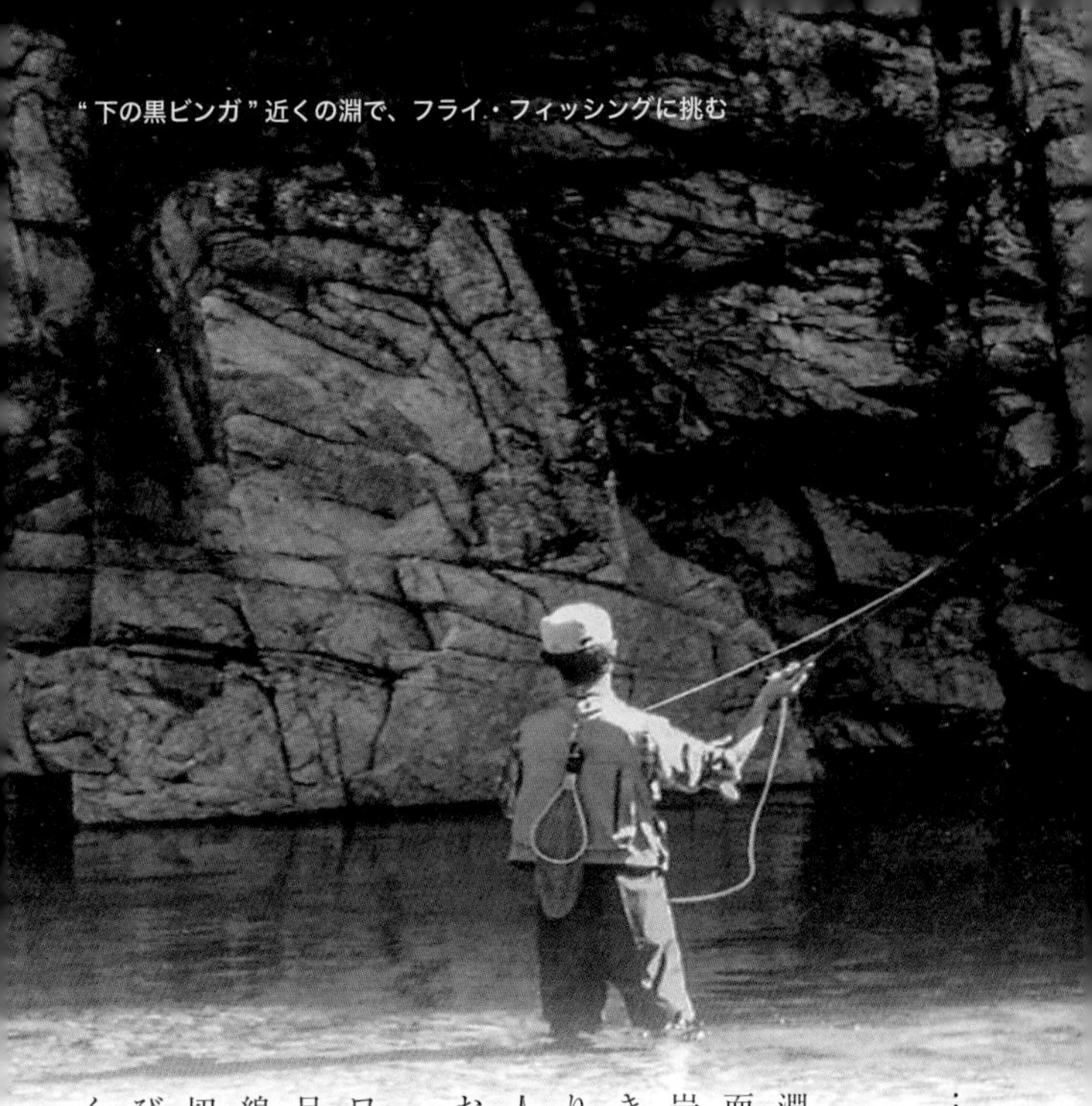
"下の黒ビンガ"近くの淵で、フライ・フィッシングに挑む

……。不安がよぎる。

下の黒ビンガからやや下流の淵にフライを飛ばした瞬間、水面が真っ白くライズした。幸い、岩や水没樹木もない。静かに引き寄せたネットには、8寸あまりの良型が激しく躍っていた。二人で目を合わせ、そしてもう一度、お互いにイワナを確かめる。

背が黒い、まさしく黒部のイワナ。屈強そうな頭部と大きな目とやや上向きの大きな口。一直線に伸びた長い胸びれ、激流を切り裂くための三角の大きな尾びれ。うねうねと激しく全身をくねらせる。

イワナを静かに引き寄せる。期待と緊張の時

二泊三日の強行軍で得た、貴重な一尾だった。

上ノ廊下は悪天候などのために、ひと夏に一桁の遡行者しかいない年もあれば、梅雨明けの快晴が続き、減水したような時ともなると、一日に数十人、数パーティが入渓する年もあるという。

遡行条件さえ良ければ、黒部ダムから二〜三日で黒部源流の薬師沢出合にたどり着くことができる。成否は天候と黒部川の水量、メンバーの遡行技術、体力、さらには運にかかっている。

見事な黒部のイワナ。この一尾がうれしい

上ノ廊下の遡行拠点・奥黒部ヒュッテ

奥黒部ヒュッテは、上ノ廊下の遡行起点であると同時に、上ノ廊下の残雪量や川の状態、遡行の可否や、イワナの情報等も教えてくれるので、事前に予約して、おおよその様子などをできるだけ確認しておきたい。

上ノ廊下でイワナ釣りに適している地は、奥黒部ヒュッテ周辺から川筋を選んで道なき本流を遡行し、巨大な〝下の黒ビンガ〟の大岩壁が見えてくるあたりまでではないか。

ここまでは例年、腰あたりまでの水深であるため渡渉は比較的安全だが、普段から水量は多いので、増水の時などは潔く入渓をあきらめる勇

金作谷方面からの激しい滝

気も必要だ。一日近い釣行の後、奥黒部ヒュッテのベースに戻る。

奥黒部ヒュッテ手前の東沢谷は、水晶岳、赤牛岳、野口五郎岳などの広大な山域から黒部川右岸への一大支流ともなっている。

東沢谷に入る釣り人もいるが人の背丈以上の藪が続き、天然カラマツやダケカンバなどが根を張る原生林地帯で道は全くなく、ようやくロッドが振れるような地にたどり着いても思いがけず先客がいたりして釣果は厳しいという。

大増水した上の黒ビンガ付近の本流。遡行か撤退か判断する時（撮影：大塚絹子）

下の黒ビンガから上流は遡行熟達者のみの世界

黒々と聳え立つ下の黒ビンガの巨大岩壁。そこから上流は激流と瀞《とろ》と岩壁の連続で、時にはすさまじい水圧の本流を泳ぎ渡るしかない。

上ノ廊下でも最難関の地で、ここから上流は時間的にも遡行技術的にもイワナ釣りは至難である。もし、挑戦したいなら二〜三泊以上の野営の準備と経験、十分な遡行装備と技術・体力、さらに大増水などいざという時の対応策、そして何より上ノ廊下遡行の経験豊富な仲間が必要となる。

岩苔小谷からの水量も多い

上ノ廊下は台風や増水による川の状況、つまり、川岸急斜面の崩落や落石により、いつもは川岸のヘリをかろうじて抜けられる場で高捲きを強いられることがある。天候や川の状況、水量、地形などを判断してパーティをリードし、時には撤退の決断ができるリーダーが何より求められる。

上ノ廊下のイワナ釣り
遡行断念のサブプランとして

上ノ廊下のイワナ釣りは釣果が予測できない。遡行のたまの小休止にフライやルアーを投げ込んでも、ほとんどアタリはない。

岩苔小谷との出合

その一方、大増水の前後など、黒部湖から遡上したらしい40～50センチ近くあるニジマスや、尺近い良型イワナを浅瀬に追い込んで手づかみにし、歓喜することもある。

長野県下伊那郡松川町在住の山岳ガイド・松尾雅子氏が参加したグループは10年近く前の台風後まもなく、上ノ廊下遡行に挑戦した。しかし、上ノ廊下の核心部・金作谷出合付近の水量は圧倒的で、リーダーおよび全員の判断で潔く遡行を断念した。

そこでイワナ釣りに目的を変え、釣りや素潜りでイワナに挑戦することにしたという。成果

本流沿いの岩場をへつる下の黒ビンガ

は十分だった。大増水などによる遡行断念の際のサブプランとして、最小限のイワナ釣り具などを持参してもいいだろう。

いずれにしても絶対に単独遡行は行ってはならない。というより上ノ廊下では、どんなアクシデントや予測不能の事態が起きるか分からないのだ。そのような時に、助け合える人が必要である。

長野県大町市在住の船山晋一氏は約20年間、この奥黒部ヒュッテルート

下の黒ビンガ付近。今日の水量は圧倒的だ

巨岩が川の中にも堆積する

でイワナ釣りに通ったという。ユーチューバーなどの増加により、奥黒部ヒュッテ方面に向かうアングラーは格段に増えたと言われる。黒部は急流が多いためか、カゲロウやクロカワムシなどの水生昆虫類は少なく、エサはミミズ、テンカラ、フライなどが主で、釣り人それぞれ、その時の水温や時間帯、天候、イワナの適性などにより使い分けるという。これがまた、イワナにハマる一因になると船山氏は語ってくれた。現在、尺超えのイワナは残念ながら、ほとんど見られないという。

両岸は絶壁状、やむなく高捲く。立石付近

遡行記3

上ノ廊下　奔流遡行記

1990年8月／メンバー：星野、工藤、清水

長野県岡谷市在住　星野 吉晴

昨年は上ノ廊下を計画したのだが、予想外の水量の為に東沢へコースを変更したのだった。今年こそは本命の上ノ廊下をと考えていた。それには水量のことを考慮すれば、時期は遅くした方がよい。それで、8月中旬のお盆休みの頃がよかろうとおおよその計画を立てていた。さらに今年は天気が味方してくれた。7月半ばから梅雨が明け、それ以後は晴天続き。東京では何年ぶりかの給水制限までしなければならない状態となっていた。内心これでいけるなと思っていると、直前には台風が通過し、大雨をもたらした。これで少しは増水しただろうか。まあ昨年ほどではなかろうと勇躍出掛けることに。メンバーは昨年の工藤と、藤森に代わって新たに清水が加わる。

下の黒ビンガ近くの本流を渡る

二人に"水"の経験を聞いたら、二人とも小さいときから川遊びをして育ったという。これは願ってもないこと。上ノ廊下は水にさえ強ければ、強行突破は容易なのだ。あちこちから"なまじっか高捲くより、泳いだほうが安全で早い"ということを聞いていたからだ。

8月12日(晴)

黒部ダムから平ノ渡までの、例の湖畔の歩道は早足にとばす。今年は整備されていて歩きやすい。平ノ渡へ着いてみると、すごい渡しの待ち人。40〜50人はいようか。たとえ半分が上ノ廊下へ入ったとしても、賑やかなことだ。お盆休みの上に今年の晴天続きをねらったものか。

その日の行動を綴った私の山日記

黒部上の廊下

'90-8-12〜15

メンバー：星野、工藤、清水

8/12（晴）　黒四ダムから平の渡しまでの、例の湖畔の歩道は早足に飛ばす。今年は整備工事していて歩きやすい。平ノ渡へ着いてみると、すごい渡しの待ち人。

165

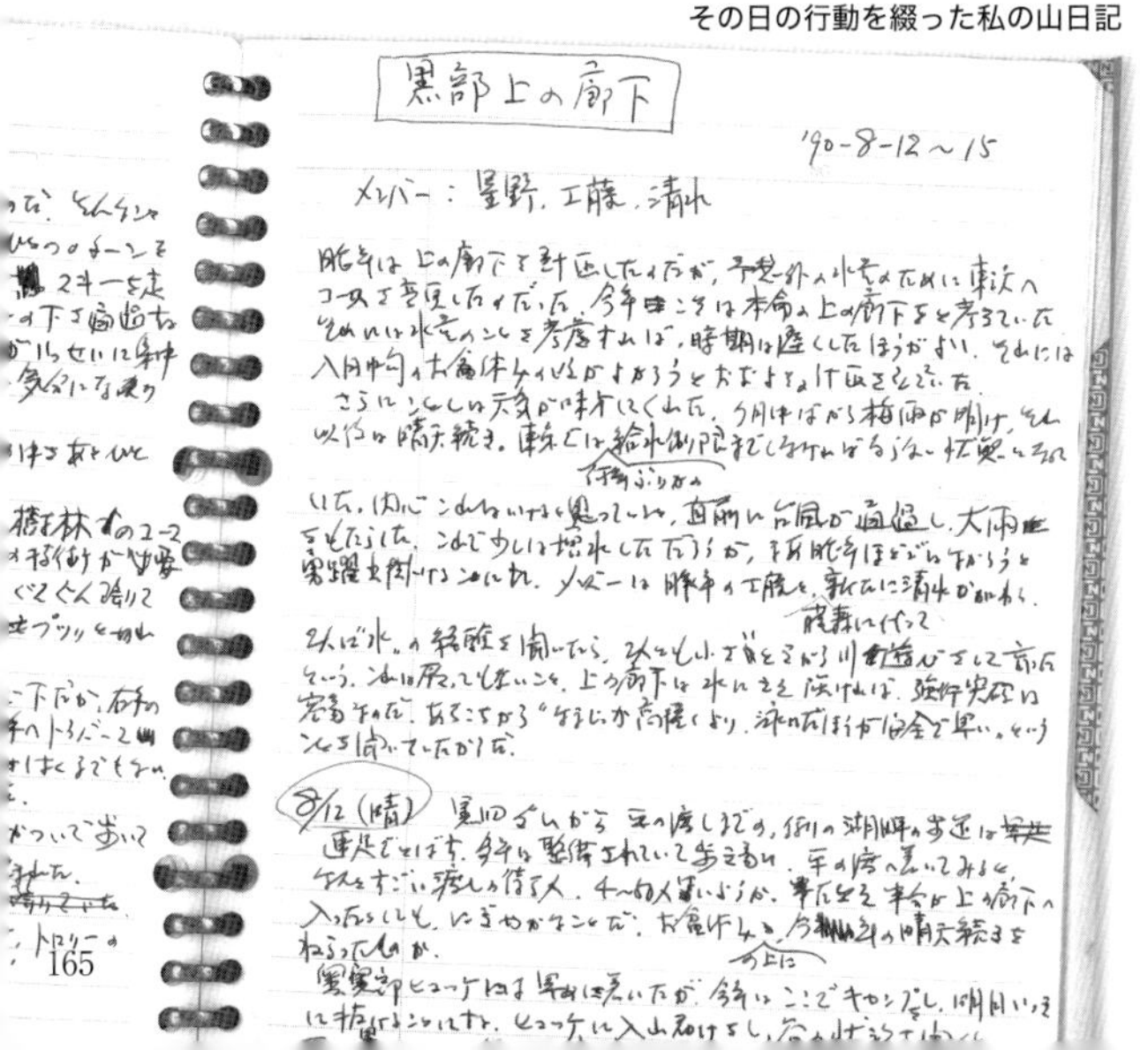

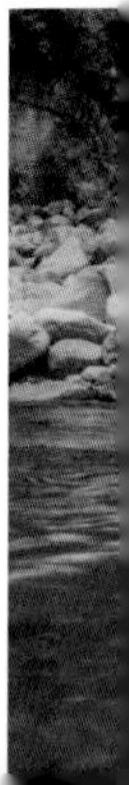

奥黒部ヒュッテには早めに着いたが、今年はここでキャンプし、明日一気に抜けることにする。ヒュッテに入山届けを出し、谷の状況を聞くと、下の黒ビンガで、首までの水量だという。

今年は例年より少ないが、先日の台風でやや増えたとのこと。そしてここでも、事故はほとんど高捲きで起こっているから、出来るだけ泳いだ方が安全で早いとの助言をもらう。考えていた通りだ。

まずはヒュッテでビールを買って飲み干し、すぐにツェルトにもぐり込む。

8月13日(晴、夕方雨)

6時に奥黒部ヒュッテを出る。もっと早く出られなくもなかったが、あまり早く出ても水が冷たいので、少し時間を調整した結果なのだ。本谷の河原へ出るとすぐに渡渉になる。それも途端に腰あたりまで浸かるものだから、その冷たさに悲鳴を上げる。しかし、こんなことで騒いではいけない。まだまだ今日は一日中この冷たい水で泳がねばならないのだと自らに言い聞かせる。

出発は我々が最後だった。それでも渡渉を幾度も繰り返しているうちに、

上の黒ビンガ近く。流木一本がたよりだ

上の黒ビンガ

多くのパーティを追い越した。皆、ウォータースパッツとかウォーターなんとかをきっちり身につけて、決まった格好をしているのだが、いざ水へ入って行くのを見ていると恐る恐るで、そのうち一人二人とひっくり返っていく。新人なんだろう。流されては立ち上がっていく。これに比較して我々の格好はどうだ。地下足袋にワラジ履き。それにカッパを着込んで、流木の棒きれを一本ずつ持ってまるで軽装だ。でもこの棒きれは強力な武器になる。またカッパは冷たい水で身体が冷えるのを防ぐのに大いに役立つのだ。この棒きれで水深を測り、そしてそれを突っかい棒にして〝颯爽〟と渡って行けるのだ。

1時間ばかり渡渉を続けて広い河原を遡って行くと下の黒ビンガだ。やがて、両岸ががぜん高くなってきた。右岸は行き止まり、左岸に渡らねばならない。問題の深みは、ここなのだ。さてどうしたものかと思案していると、工藤がスイスイと、もう泳ぐ寸前の水中歩行で渡って行ってしまった。私もそれにつられ、出て行く。腰から胸まで浸かると身体が浮いてきた。背中のザックに持ち上げられたのだ。水中で足を動かしていると大きな岩に足が着いて、あとは飛び石伝いに対岸へ。

金作谷出合奥のゴルジュ。
前を行くパーティがザイルを伸ばしてくれる

後ろに続く清水も同じ格好で渡ってきた。ザイルで結び合うはずが、このメンバーではそんなもの全く無用だ。まずは第一の関門を抜けたのだ。冷たさに歯をガチガチさせていると、幸い朝日の差し込んでいる一角があった。まずはここで一息だ。空は雲一つなく晴れ上がり、頭上を見上げると黒い岩壁も朝日を受けて圧倒するように迫ってきていた。

長い一日が始まろうとしていた。その朝の日差しを背中いっぱいに受けると、人心地がついた。

下の黒ビンガを過ぎると、谷は方向を変え、また朝の日差しはなくなる。そのうち口元ノタル沢が広がり、その先で谷は狭くなった。水流は深く急になった。右手の壁を見上げるとフィックスロープが垂れていた。高捲くルートなのだ。それを横に見て、流れに入ると、腰から胸まで深くなっていった。右手の壁につかまって進むが水流が急になって、ついに右壁に上がる。我々の前には大阪弁のパーティが詰まっていた。冷たい水、日影、それに急流、まさに不安におののいていた。どうも彼らは水際から壁の上の方へ追いやられているようだ。我々は水際をきわどいバランスでトライし、また水中へ下りる。ここはもう浅いのだ。水しぶきを頭から浴び、石を伝って、この難関を突破する。追い越した大パーティは、今度は懸垂で下りてきつつあった。彼らも我々も不安におののき、ガクガクと震えが止まらなかった。

河原はやがて東向きに広くなり、暑い夏の日差しがいっぱいに溢れ、ほっとする。先ほどからの濡れた衣服もたちまち乾いてしまった。腰あたりまでの渡渉を繰り返していると谷の奥に薬師岳が現れてきた。そして谷はまた廊下状になり、右手には大きな岩壁がそびえ立っている。上の黒ビンガだ。下の黒ビンガよりさらにスケールが大きい。水流は速く、ともすれば流されそうになるが、しっかりと踏ん張って渡渉する。

やがて廊下状の谷が開けると右手から、大きな谷が合流する。金作谷だ。出合から見上げると上流は雪渓になり、その切れ目に大きな滝を掛けている。この谷をつめてあそこへ登ったら面白かろう、と薬師岳を見上げながらこの谷の出合を過ぎるとすぐに水流は深く速くなる。両岸が切り立ち、第三の難関となるところだ。

金作谷出合奥の第二のゴルジュを泳ぎ渡る

奥ノ廊下左岸の枝沢

右に左にと危険な高捲きをすれば通過できなくはないようだが、あくまでここは水流通しに行こう。

　腰から胸まで浸って、水流にあらがいながら進む。一旦左岸へ上がるが、深い水底は青く見える。ちょうど先行パーティがザイルを使って渡り終わるところだった。人と荷物を別々のザイルで渡すやり方だ。流れが速いので我々もザイルを出そうとすると対岸からこのザイルを使えと投げてくれた。申し訳ない。渡りに船だ。せっかくの厚意だから利用させてもらおう。だが、人と荷が別では6回の往復になる。他人の手をわずらわすのだから荷物を背負ったままで行こう。ザイルを身体に結ぶとやや上流側から飛び込む。すると流れに乗って、ちょうどいいところへ着くのである。続く二人もザックを背負ったまま次々に泳ぎついた。皆この急流でも泳ぎついた。水は相変わらず冷たいが、夏の日差しは谷いっぱいに当たり、水から上がると本当に心地好い。

谷は一息つく暇もなく、広い淵が続いていた。えい、泳いでしまえ！　ドボンと飛び込んで左岸に沿って泳ぐ。そして一旦岩に上がって、今度は対岸へ。泳ぎグセがついてしまうと、岩なんかにへばりついているのが馬鹿らしくなるのだ。それにザイルなんて面倒なものは要らない。メンバー全員結構な泳ぎ手だ。水流が速くてもそれを泳いで難なく乗り切ってしまう。それにザックを背負って泳ぐのがこんなにラクチンだとは思わなかった。ザックのベルトを締めて飛び込めば、なんとザックに浮力がついて、身体を上に持ち上げてくれるのだ。

泳ぎに夢中になっているうちにこの長い淵は終わっていた。でも、まだ赤牛沢の手前に大きな淵があるはずだ。平坦な河原を進んで行くと、両岸が狭まり水深が深くなってきた。ここなのだ。身体が温まったところだからちょうど良い。またもやザブン。淵が二つあったのでどちらも泳いだ。二つ目など容易に壁を伝えたのだが、つい飛び込んでしまった。ところが水流が速いものだから流されて、オタオタしたりする。それで見ている者が大笑い。何しろすっかり水慣れしてしまった。子供の水遊びと同じだ。

淵から岸へ上がると、赤牛沢がナメ滝を落としながら右岸から出合う。結構な水量だ。この出

赤牛沢出合下ゴルジュ。
ようやく最難関は突破か

合から見上げる赤牛岳もまた立派だ。この沢をつめてあの頂上に立つのも楽しかろう。

赤牛沢の出合の先ではすぐに岩苔小谷が出合う。本谷はここを過ぎると心なしか水量が減ったように見えるが、なおゴウゴウとすごい水量だ。ここからしばらくは「奥ノ廊下」と言うようだ。また長い淵になっていた。でもここは左岸右岸ともに立派な通路が出来ているので、いかに我々でもあえて水に飛び込みはしないのだ。ところが最後だけはこの通路が切れていた。ここでは三人の先行パーティが例のザイル渡しをやっている。急流をトップがやっと泳ぎ渡って対岸へ着いたところだった。先に荷物を渡して、とやっている脇を我々がザックを背負ったままザンブと飛び込んでしまうものだから、あっけに取られていた。最後の工藤が飛び込むと、リーダーと思しき人が心配してこのザイルを使ってくださいと申し出てくれた。工藤ならそんなもの全く不要。何ともないのだが彼は義理がたくザイルを結んで渡ってきた。

この廊下を抜けたところが「立石奇岩」と地図に出ている。まさに高く一気に立ち上がったロウソクのような岩がある。ここで一息入れる。対岸の薬師岳東南尾根から見事なルンゼが落ち込んできている。このあたりの岩をゆっくりやれば楽しかろう。

黒部川も上流になると、さすがにその迫力は影をひそめる。水量、川幅、圧迫感、どれも穏やかになってくる。それでも腰あたりまでの渡渉はいつまでも続く。谷の奥には雲ノ平の稜線が近い。午後も遅くなって、その雲ノ平方面で雷がゴロゴロやっている。やがて、青く澄み切った流れが濁ってきた。そしてこの谷筋にも雨がポツポツ落ち始めた。

先ほどまでの真夏の太陽はどこへ行ったのか、急に暗く、涼しくなった。今日はともかく行けるところまで、となおも谷を遡って行くと、峡谷は挟まり、ゴルジュになる。そして長い淵が続く。もう泳ぐような雰囲気ではないが、幸い左岸にはいい通路が出来ていて、そこを伝う。しかし、それも最後に切れてしまった。5メートルばかりの懸垂下降だ。はじめてロープを出して懸垂で下りる。

そこから河原は開けていた。そして対岸に高天原からの一般ルートが下りてきていた。もう時間も遅いので、どこで泊まりにしてもよい。だが一応、今山行の沢登りの区切りを薬師沢の出合までとしている。おまけに薬師沢出合まで行けばビールにもありつける。もう一息、頑張ろう。適当な幕営地はたくさんあったのだが、それらを横に見ながら薬師沢出合へ夕刻6時前に着いた。

長い一日だった。これでやっと何年来（いや何十年来）の宿題をやり終えたのだ。

黒部源流へたどり着く。長年の課題が解決した

岩苔小谷の大滝
（撮影：大塚絹子）

ゴルジュを流れ下る奔流

立石奇岩。本流沿いに高さ約50メートル、
黒部のモニュメントが聳え立つ

奥ノ廊下。流れは岩を乗り越え、白く泡立つ

奥ノ廊下、ゴルジュ帯へ本流は呑み込まれてゆく

第4章

黒四（くろよん）探訪

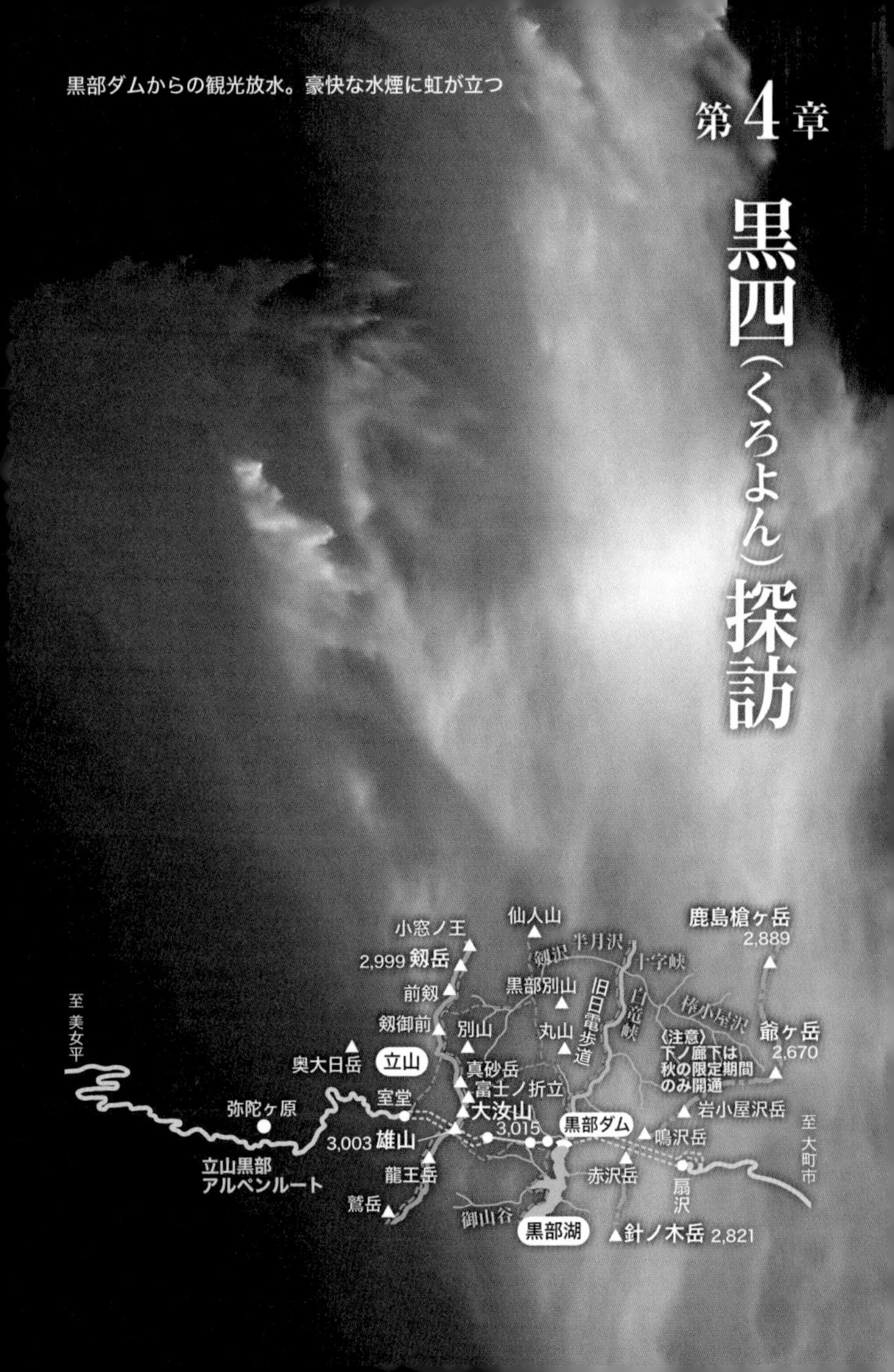

黒部ダムからの観光放水。豪快な水煙に虹が立つ

第4章

黒部ダム（黒四・くろよん）今昔

北アルプスの立山連峰と後立山連峰に挟まれた黒部峡谷の言わば中央部に、水力発電用の黒部ダム（通称黒四・くろよん）はある。

黒部ダムは北アルプスの只中に建設された我国最大のアーチ型複合式ダムであり、高さ186メートル、堤頂長492メートル。その優美な曲線と黒部峡谷の大自然が調和し、訪れる多くの人々に立山黒部の自然美、そして人類の英知と不屈の精神が築き上げたダムの威容を見せてくれる。

中部山岳国立公園の秘境にある黒部ダムは建設にあたり、「残り少ない秘境を自然のまま残すべきである」と主張する人たちと、「日本経済復興と国民の生活のため、電力不足を解消するには絶対必要」と訴える人々との間で激論が交わされた。

その結果、関西電力はダムなどごく一部を除き、施設全体を地下化して自然景観を保全することとし、それが認可されて建設が進められた。

黒部ダムは、上ノ廊下と下ノ廊下の大ゴルジュ（岩壁の谷）の間に位置する黒部川中流域で唯一の大きく開けた地で、かつては中ノ廊下と呼ばれていた。

現在はそのほとんどが黒部ダムの貯水湖となっているが、黒部ダムのできる以前、すなわち昭和30年頃まではゆったりとした本流とその深い瀞《とろ》に、サケほどもある巨大イワナが群泳する地であったと言われる。

今、下ノ廊下の上流部ではダムからの発電用取水が行われており、かつての豪快な十字峡付近の景観は大きく変わった。

しかしその反面、下ノ廊下の大岩壁に刻まれた水平歩道、旧日電歩道や北アルプスの奇跡とも言える十字峡へも、関西電力の登山道整備により、わずかな期間ではあるが、足を踏み入れることができる。また、現在では我が国きっての大秘境・上ノ廊下も、ごく一部のエキスパートたちだけではあるが、黒部ダムから遡行できるようになったことも事実であろう。

かつて冠松次郎は、明治44年から大正～昭和初期にわたり名ガイド・宇治長次郎《うじちょうじろう》らとともに初めて黒部に入っている。全く道なき秘境・下ノ廊下や上ノ廊下をはじめ、未踏の剱大滝やあらゆる流域を歩き詰めた。渡渉と高捲きを繰り返し、食料が尽き、ようやく信州・大町の里に戻っている。

このような山行は、とても現在の一般登山者にはできないだろう。下ノ廊下や上ノ廊下に限られるとは言え、登山者が入れるのは、その山行ベースたる黒部ダムがあるためとも言えるのである。

また、ダムから標高2、450メートルの立山室堂までロープウェイやケーブルカーなどを利用して上ることができる。黒部ダムは、立山黒部アルペンルートの中心であるだけでなく、長野県と富山県を結ぶ縦貫山岳観光や、剱・立山連峰などへの登山拠点としても要地となっているのだ。

黒部ダムの特徴・ウイングダムが両岸を強固に守る

雄山山頂付近から見た黒部ダム

立山連峰・雄山と黒部ダム。
青空と新雪と山腹を彩る三段紅葉。豪快な観光放水に息を呑む

黒部ダムの下流側、吹き上げられた観光放水がダムを霧状に包み、
美しい虹を生んだ。
中央の大岩峰は「黒部の魔神」のひとつ、大(おお)タテガビン

新緑のミズナラ林。長野県大町市扇沢

春《はる》めく下《しも》ノ《の》廊下《ろうか》

残雪と新緑、春の躍動。雪解けの奔流と大イワナ

春の陽光と彩り

5月の声を聞くと、黒部ダムの玄関口・扇沢《おうぎさわ》周辺は一気に新緑に彩られる。ニレやミズナラ、ブナなどの新葉に春の陽光が降り注ぎ、ステンドグラスのように透かして見せる。

沢沿いには南の国々から渡ってきたばかりの明るい瑠璃色《るりいろ》と純白の美しいツートーンカラー、オオルリのつがいが飛び回り、高い木

春の妖精、高山蝶・クモマツマキチョウ

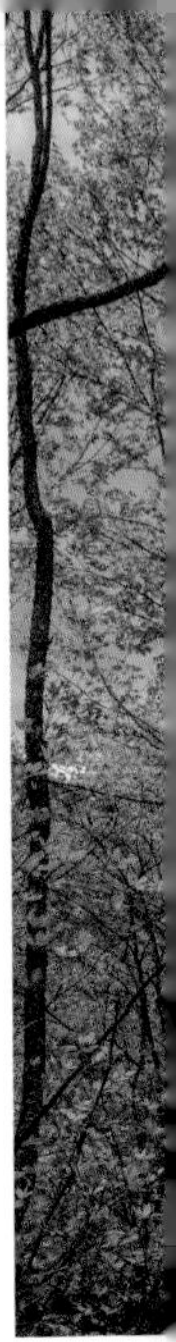

の梢で「ピィー・ヒーリリ……」と美声を響かせる。

　川沿いの林縁には翅表《しひょう》のオレンジ色を際立たせて、高山蝶・クモマツマキチョウがスミレやイワハタザオの花々の上を飛び交う。

　この時期、大町市郊外からは残雪の後立山連峰が美しい。残雪が描く模様を人や動物などに見立てた、爺ヶ岳の「種まき爺さん」、鹿島槍ヶ岳の「ツルとシシ」、はるか北の白馬連峰には「代掻き馬」と呼ばれる雪形が望める。そして水田に水が張られると、山々が映し込まれた見事な景色が見られる。

巨大なデブリが本流に落ち込む

雪解けの奔流とデブリ

立山黒部アルペンルート開通後の5月中旬、黒部ダムを下り、すぐ下流にある内蔵《くらの》助《すけ》谷《だん》出合付近まで行ってみる。アマツバメがダムの上空を細長い翼で敏捷に飛び交っている。

その真北には「黒部の魔神《まじん》」とも呼ばれる黒部三大岩壁のひとつ、大《おお》タテガビンが、どっしりと鎮座している。

下ノ廊下は左岸の剱・立山連峰、右岸の後立山連峰の深い谷間をほぼ真北へと流れ下る。その先には、純白の白馬連峰が望める。

ダム下までは右岸の細いジグザグ道を15分ほど下る。本流の対岸、立山側には幅100メートル以上もある巨大なデブリ（雪崩《なだれ》の跡）がいくつも連なっている。

このデブリと急斜面を覆うクロベなどの針

本流沿いにはいくつものデブリが連なる

葉樹林が相まって、黒部特有のモノトーンの静寂な景観を壮大に展開してくれる。

ダム下の本流沿いは、まだ残雪も多い。踏み抜かぬよう注意しつつ、持参したイワナ釣りのロッドを小沢で振ってみると20センチ強のイワナが毛針に来た。体形はややスマートで、色は少し茶色がかり、本流のものほどではないが黒っぽい。そっと沢に戻してやる。

午後一番で早めにダムに戻ることにする。扇沢でも出合った高山蝶・クモマツマキチョウが草地のあちこちに飛んでいて、ダムの横につけられた九十九《つづら》折りの登山道を喘ぎつつ30分あまり登る身をなぐさめてくれた。

厳冬の下ノ廊下。この時期に入山する登山者はいない

尺イワナ、今昔

かなり以前、仲間たちと黒部ダム見学会へ行ったことがある。

関西電力の見学用バスで関電トンネルを抜け、さらに黒部ダムから関電専用トンネルで10キロほど下方へ行ったところに、黒部川第四ダム発電所はある。

5月下旬、谷間は一気に新緑へと移り変わる

発電所は、北アルプス後立山連峰の爺ヶ岳《じいがたけ》、鹿島槍ヶ岳《かしまやりがたけ》などをくぐり抜けた山中にある。そこから800メートルほど、インクラインという発電所管理用の大きな傾斜軌道ケーブルで黒部川本流近くまで下りてゆくのだ。

そこは丸ビルがすっぽりと2つは収まってしまうほどの巨大な地下空間であった。ダムから取水された水が直径3メートル強の強靭な水圧鉄管の中を一気に200メートルも流れ落ち、巨大なタービン4基をフル回転させている。

見学がひと段落し、真昼の12時頃から1時間ほどの小休止の間に、仲間たち数人が本流の仙人ダム付近の河原に下りて、イワナ釣りに挑戦した。

黒四発電所近くの本流に長竿を出す

エサは持参した大小のミミズ。竿は広い河原から川幅20メートルあまりもある本流めがけて投げ込むため、長めの本流竿《ほんりゅうざお》だ。

雪解けの始まりとあって水量は多く、ごうごうと奔流が泡立ち、波打って流れ下る。

10分もしないうちに強いアタリがあった。尺に近い見事な良型が多い。本流に棲むためか体形は太くはないが、しまっていて尾びれは大きい。

釣果《ちょうか》は十分であった。川辺の岩の上に並べてみると、まさしく黒部ならではの黒いイワナだった。

この地は黒部きっての大峡谷・

釣り上げた尺近いイワナの数々

下ノ廊下のちょうど中間ほどの距離にある。一般登山者は、上流側の黒部ダムからは、例年登山道整備後の秋の数週間ほどしか通行できない。

　下流側の欅《けやき》平《だいら》からも残雪や落石の恐れなどがあり、夏から秋にかけてのわずかな期間しか通行はかなわない。つまり、一年の大半は入渓できず、イワナの聖地ともなっているのだ。

　魚影の濃さは、かつて冠松次郎が猟師をガイドに伴い、この大峡谷を巡り歩いていた頃、その古き良き時代を想起させてくれるようだった。

特集 立山黒部アルペンルートへ

扇沢〜黒部ダム〜大観峰〜室堂〜弥陀ヶ原〜立山駅

大町市街から大町アルペンラインで扇沢駅へ。ここからトロリーバスより替わった電気バスで約15分。黒部ダム駅に到着する。

ダムの屋上展望台からは、壮大な黒部ダムと黒部湖、北アルプスの大自然が見渡せる（例年４月10日〜11月30日）。

ダム堤を渡り、対岸からケーブルカーで黒部平へ。ここから長大な立山ロープウェイで一気に４８８メートルの標高差を上がり、大観峰《だいかんぼう》に。はるか下に黒部ダムと黒部湖が望める。

大観峰からは立山主峰・雄山《おやま》の地下をトロリーバスで抜け、標高２、４５０メートルの室堂《むろどう》ターミナルに着く。夏であれば高山植物の花々や、

初冬、夕映えの立山の山並み。富士ノ折立（左）、大汝山（中央）、雄山（右）

運が良ければライチョウにも出合えるだろう。

　アルペンルートは室堂から高原バスで弥陀ヶ原《みだがはら》〜美女平《びじょだいら》、さらにケーブルカーで立山駅に至る。ぜいたくな景色を堪能できる一日コースだ。

　弥陀ヶ原の南端に位置する称名滝《しょうみょうだき》は落差約350メートルあり、日本一を誇る。途中には滝見の展望台もあり、特に残雪期の5〜6月頃には壮大なスケールの大瀑布を見ることができる。

日本一の落差を誇る称名滝
（撮影：市川董一郎）

立山・雄山山頂から見た黒部湖と
後立山連峰

立山・雄山山頂からの後立山連峰御来光。眼下には御前沢の大雪渓が赤く染まる

雄山山頂と雄山神社峰本社

富士ノ折立下部より内蔵助雪渓と剱岳

室堂から剱・立山連峰へ

剱・立山連峰の周辺には、いくつもの登山コースと山小屋があり、立山黒部アルペンルートの室堂をベースとしての登山は魅力に溢れている。

しかし剱岳は、一般向け登山コースとしては日本一の難コースとも言われており、十分な時間と体力・装備が必要となる。特に、〝カニのタテバイ、ヨコバイ〟などの険しい岩場や、落石、残雪の踏み抜きなどには注意したい。

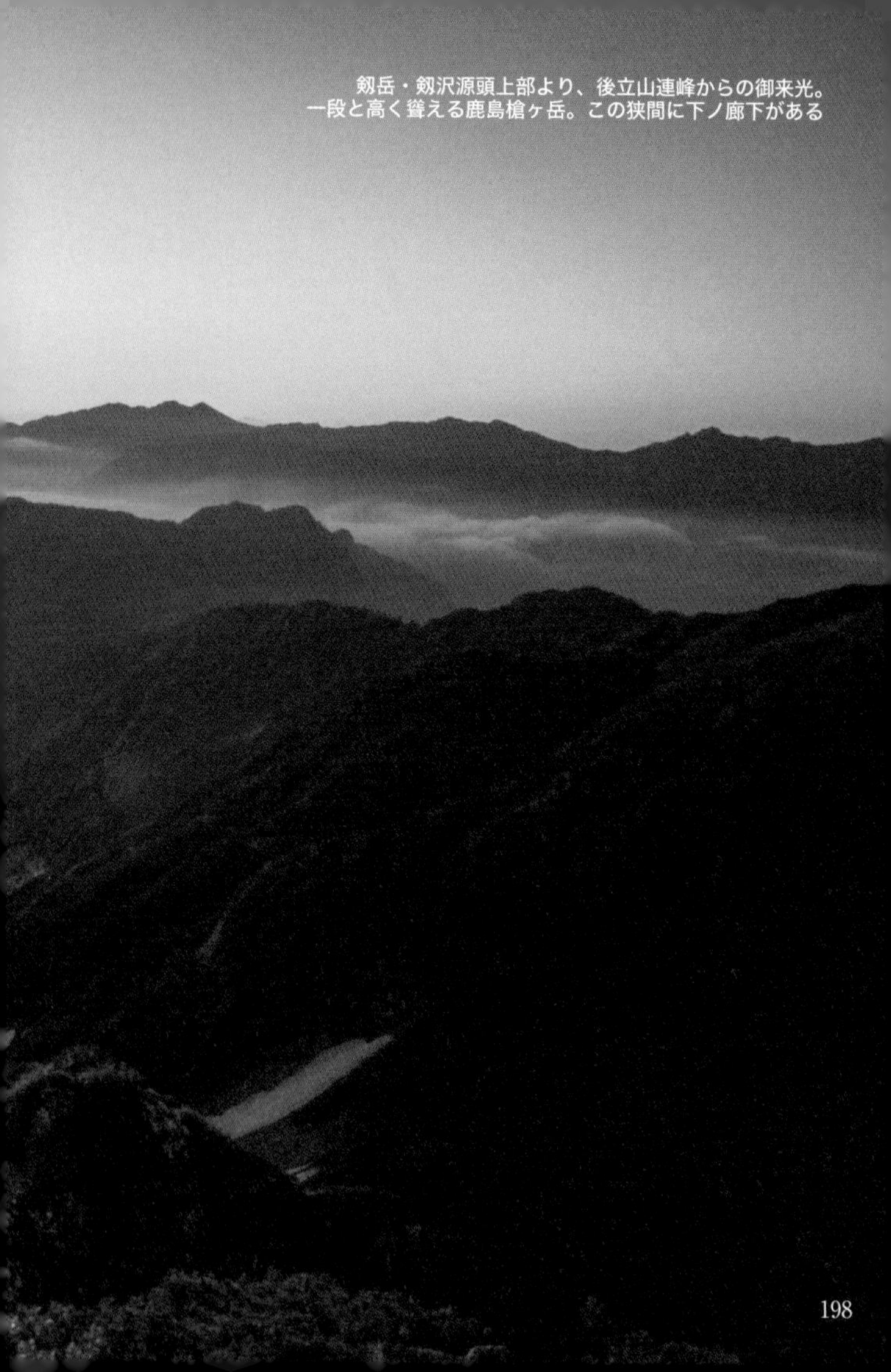

剱岳・剱沢源頭上部より、後立山連峰からの御来光。
一段と高く聳える鹿島槍ヶ岳。この狭間に下ノ廊下がある

立山・別山からの星空。
北極星を中心とした大星座群に出合える(撮影：町田和義)

晩秋の黒部湖を照らす太陽。
正面（奥）に新雪の赤牛岳を望む

第5章

下ノ廊下　垂直の大峡谷

大岩壁の狭間、うねるように流れ下る白竜峡

第5章

下ノ廊下　垂直の大峡谷

黒部ダムから欅平へ（旧日電歩道　下降ルート案）

下ノ廊下は劔・立山連峰と、黒部の谷をはさんで対峙する後立山連峰の鹿島槍ヶ岳などの山間を深くえぐり、屹立する岩の屛風の深い底を流れる大暗峡である。

この下ノ廊下は、黒部ダムから欅平《けやきだいら》への本流沿い下降コースと、逆に欅平から黒部ダムへの登高コースがある。どちらも全く同じ登山道だが、どうやら前者のコースを選ぶ人のほうが多いように思われる。

黒部ダムからの下降コースは、一日目に旧日電歩道の白竜峡や十字峡など緊張が連続する、歩行時間の長い道を歩き抜けなければならない。

しかし、阿曽原《あぞはら》温泉で一泊後の二日目には、難所ではあるが、歩行時間が短い水平歩道《すいへいほどう》を通り、欅平に着けば、あとは黒部峡谷鉄道のトロッコ電車で紅葉の渓谷美が堪能できる。さらに、いくつかある素朴で風情豊かな温泉で山旅の疲れを癒やし、宇奈月《うなづき》に下れる。こういった特徴が、黒部ダムからの下降コースが選ばれる要因であろうか。

どちらも本流沿いや垂直の大岩壁にえぐられた狭い歩道をひたすら慎重に歩む、二日間の登山コースだ。関西電力による雪崩や残雪、崩壊などの補修整備が済んだ、秋の限られた期間しか通行できず、晩秋のわずか数日のみ開通という年さえある。

また、欅平から阿曽原への登山道も、同じように開通はその年の残雪や崩壊などの整備後、例年7月頃からになるので、事前に阿曽原温泉小屋などにしっかり確認してほしい。

本流は下降するにしたがい、下ノ廊下を巡る山々から御前谷《ごぜんだん》、内蔵助谷《くらのすけだん》、黒部別山谷《くろべべっさんだん》、剱沢《つるぎさわ》、棒小屋沢《ぼうごやさわ》、東谷《ひがしたん》、餓鬼谷《がきだん》などの支流を合わせ、さらに欅平から下流では小黒部谷《こくろべだん》、祖母谷《ばばだん》と、黒部川最大の支流・黒薙川《くろなぎがわ》の水を集めて宇奈月に至り日本海に下る。

下ノ廊下　山行注意点

- 「黒部に怪我《けが》なし」…滑落などすれば怪我ではすまず死亡事故になるという意味。常に安全に気を配り、慎重な行動をとること。
- 危険箇所が多いので、天候には十分注意の上で山行計画を立て、登山中は状況に応じて行動すること。
- 登山道はごく狭いので、ザックは縦型のできるだけコンパクトなものにして、岩や人に引っ掛かりやすいものは外に出さない。
- 岩場が多いのでヘルメット着用のこと。また、万一の時の安全確保のためストックは持たず、常に両手は空けておく。
- コースはその年の残雪が消え整備が完了するまで通行不可。事前に阿曽原温泉小屋や関係機関に開通予定などを確認すること。
- 下ノ廊下、剱・立山連峰登山者は事前に登山届を提出のこと（主要登山口には当日提出用登山届ポストもあり）。

厳冬の後立山連峰・棒小屋沢上部からの黒部別山（中央）と剱岳・三ノ窓（右奥）など。
この大峡谷は下ノ廊下の核心部でもあり、大規模な雪崩の発生地ともなっている

7月中旬、立山連峰から剱岳に至る草地や稜線近くには
いくつもの雪田やお花畑が見られ、シナノキンバイなどが咲く。
剱沢源頭近く

岩の殿堂・剱岳と剱沢源頭部。別山付近から

特集

下ノ廊下の大岩壁と雪渓

岩と雪渓の宝庫、剱・立山連峰

この一帯は日本海から立ち昇る水蒸気が作る雲が、海岸線からわずか35キロメートル地点で一気に標高3、000メートルの山々にぶつかり、大量の降雪をもたらす世界有数の豪雪地帯だ。

そのため、立山東面の御前沢《ごぜんさわ》や剱岳の三ノ窓《さんのまど》雪渓には、日本では珍しい氷河が残り、天然記念物に指定された山崎圏谷《やまざきけんこく》(カール)がある。

これらの雪渓や氷河は強固な岩をも削り、雪解け水を集めて剱沢をはじめ、いくつもの沢となって、下ノ廊下へと流れ下る。

長大な三ノ窓雪渓と八ツ峰（撮影：松本一男）

万年雪が残る長次郎谷（撮影：松本一男）

黒部ダム直下、放水が霧と化す

下ノ廊下　黒部《くろべ》ダム〜十字峡《じゅうじきょう》〜阿曽原《あぞはら》〜欅平《けやきだいら》

秋の数週間のみ開通。大峡谷の狭間を行く、緊張の難ルート

一日目

黒部ダム〜旧日電歩道〜十字峡〜仙人谷ダム〜阿曽原

早朝、立山黒部アルペンルートを利用して長野県大町市の扇沢から黒部ダムへ。もしくは黒部湖畔の「ロッジくろよん」に前泊して、朝早く出発するのもいいだろう。黒部ダム右岸の登

内蔵助谷出合付近から谷は深くなる

山道を下り、ダムからの猛烈な霧の中を小橋を渡って対岸を本流沿いに進む。1時間ほどで内蔵助谷《くらのすけだに》出合を抜けると、黒部三大岩壁のひとつ、大タテガビンが見上げんばかりに聳えている。

ここからは黒部別山東面の急峻な岩壁やハシゴの高捲きなどもある難所が続くが、白竜峡、十字峡、S字峡などを経て、二日目の宿泊地・阿曽原温泉小屋に至る。ここにはゆったりとした露天風呂があり、一日の緊張と疲れを癒やしてくれるだろう。

険しい岩場を下り、本流間際まで登山道がのびる

白竜峡《はくりゅうきょう》

本流の両岸は大岩壁。迫り来る岩間を奔流はうねり下る

一日目。黒部ダムから、丸山東壁と後立山連峰が聳え立つ狭間を下り、1時間ほどで内蔵《くらの》助谷《すけたん》出合となる。さらに2時間ほど本流沿いの傾斜のきつい悪路を下ると白竜峡に至る。

白竜峡の前後の登山道は本流沿いに下ってゆく。濡れた岩や急峻な岩壁、目もくらむようなハシゴが連続する。しっかりと三点確保して進み、滑落

“白竜”の名のごとく、本流はうねり下る。
両岸から岩壁が迫るゴルジュ帯の悪路だ

やすれ違い事故などがないよう、慎重に行動したい。

白竜峡は両岸からゴツゴツとした岩壁が迫る荒々しいゴルジュで、その峡間を奔流は白竜のごとく激しくほとばしり、時には真っ白く泡立って疾走する。

本流は川幅5メートル足らずとなり、高さ数十メートルの両岸の大岩壁には日も差さず黒い影となる。日陰の淵は青く深く、急流は真っ白く飛沫を上げる。

切り裂かれた岩壁の隙間から青空が覗く豪快無比の地。黒部峡谷の巨大な造形を谷の底から仰ぎ見る場所である。

鹿島槍ヶ岳をはるかに望む剱沢源頭。真夏でも残雪が残る

十《じゅう》字《じ》峡《きょう》

奇跡的に十字を成す 本流と剱沢、棒小屋沢

白竜峡からさらに1時間半あまり。本流沿いの登山道は、やがて峡谷を離れ、深い森に入る。巨木の原生林は鬱蒼としている。ほどなくして、小さな吊り橋で剱沢を渡る。

剱岳最大の沢である剱沢は圧倒的な水量で、川幅1メートル足らずのゴルジュの間を、すさまじい勢いで本流に落ち込んでゆく。

吊り橋からは、対岸の棒小

本流に落ち込む剱沢(手前)、対岸には棒小屋沢

屋沢が同じように本流に流れ込んでいるのが見える。ここで黒部川本流と剱沢、棒小屋沢はまさに奇跡的に十字を成して合流している。

その全体像をしっかり見るには、剱沢の吊り橋のすぐ上流付近の登山道から、本流に向かって入った場所にある巨岩の上がよいだろう。

下流を望むと左岸からは剱沢、右岸からは棒小屋沢、巨岩背後からは黒部川本流が合流し、そこからさらに豪快に流れ下ってゆく。

左岸（左）からは剱沢、右岸（右）からは棒小屋沢が流れ込み、
奇跡的に十字を成す地形となる

剱沢中流にある剱大滝。登山道は一切ない。
十字峡上空付近から

夏なおこれだけの残雪。剱沢中部(撮影：柗本一男)

奔流は花崗岩の大岩壁の底を曲がりくねって流れ下る

S《えす》字《じ》峡《きょう》

垂直に落ち込む両岸の大岩壁、その谷底を流れ下る

白竜峡、十字峡と、下ノ廊下の絶景地点を過ぎ、1時間半ほどでS字峡となる。西岸からは剱岳前衛峰の仙人山《せんにんざん》からのガンドウ屋根が急激に迫り、東岸からは、後立山連峰・鹿島槍ヶ岳周辺の山裾が一気に大岩壁となって、垂直に落ち込んでいる。

その狭間を屈曲しつつS字峡は流れ下り、登山道からは、はるか眼下にその景観が望める。これだけの深い谷であるのに、その意外な明るさに驚かされる。両岸の岩肌に反射した光が川面を射り、谷を明るくしているのだ。

厳冬期のＳ字峡付近。上部には一直線に旧日電歩道

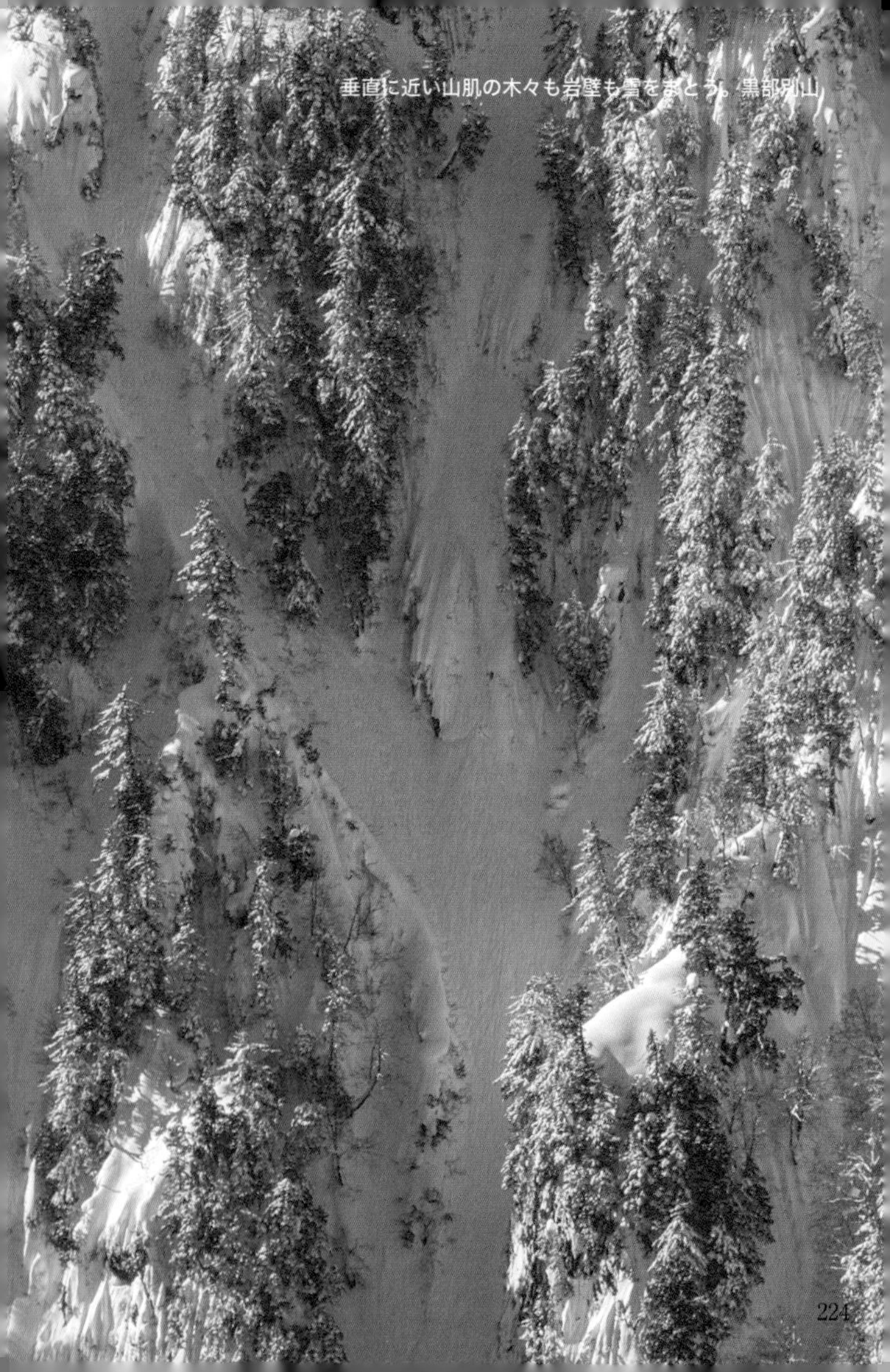

垂直に近い山肌の木々も岩壁も雪をまとう。黒部別山

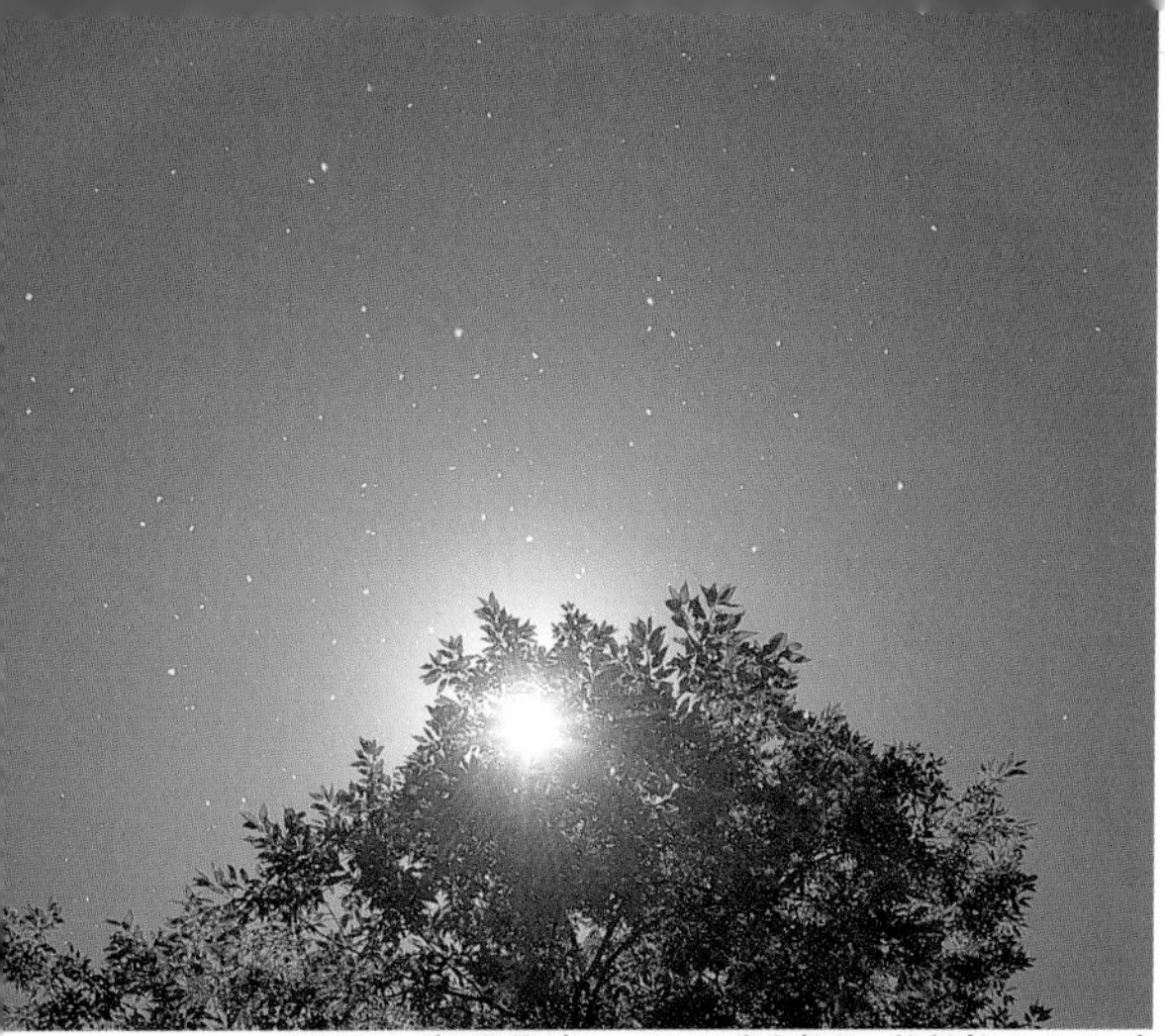

カワヤナギの果穂がいっせいに空を舞う。柳絮(りゅうじょ)

南北に流れ下る本流へは、一日のうち、わずかしか日が差し込まない

いくつかの滑滝が登山道沿いの岩場を流れ下る。コンパクトな雨具なども用意したほうがよい

阿曽原《あぞはら》温泉

一日の緊張を、湯が癒やしてくれる

十字峡、S字峡の美渓を後に、慎重に旧日電歩道を進むと、右岸中腹に黒部川第四発電所の送電線引き出し口が見えてくる。巨大な発電所はすべて地下にあり、送電口しかその姿は見えない。

東谷《ひがしだん》出合、幅50センチ足らずの、長く高く揺らぐ吊り橋をゆっくり渡ると、15分ほどで仙人谷《せんにんだん》ダムだ。

仙人谷ダムを越えると、飛《ひ》

左岸の山腹に姿を見せる雲切谷。
剱岳の東側、仙人山などの谷の水を集めて本流に下る

竜峡《りゅうきょう》。さらに黒部川第三ダム建設の際、摂氏150度以上もの岩盤がトンネル工事を阻《はば》んだ、難所の高熱隧道《こうねつずいどう》を抜ける。

阿曽原峠から急坂を一気に下ると、今日の宿泊地、下ノ廊下唯一の温泉小屋である阿曽原温泉小屋とキャンプ場に着く。

ここの楽しみは何と言っても露天風呂。山々に囲まれ、立ち昇る湯けむりが一日の疲れを存分に癒やしてくれるだろう。

人ひとりがようやく通れる手掘りのトンネルがいくつもある（撮影：伊久間幸広）

二日目　阿曽原〜水平歩道〜欅平

奥鐘山

阿曽原温泉左岸の樹林帯を登り、登山道を下ると右に奥鐘山《おくかねやま》が聳えている。標高は1、543メートルと高くはないが、黒部川沿いの西面はほぼ一枚岩の大岩壁で、高難度のロック・クライミングの場となっている。ルート途中の大太鼓《おおだいこ》から、その絶景を望むことができる。

このルートには手掘りの暗くて小さなトンネルがいくつもあり、天井から水が滴っている。雨具や照明具が必要だ。水平歩道を2時間ほど歩けば欅平に到着する。

山すべてが巨大なひとつの岩の塊のよう。奥鐘山の大岩壁。左は水平歩道

川底まで落ち込む大岩壁に刻まれた一本道の水平歩道。
阿曽原峠からは折尾谷、志合谷を渡り、水平歩道を慎重に下る

はるか下には本流が流れる。
一瞬の油断もできない道

道幅60センチ足らず。天井までの高さ約2メートル。
わずかなつまずきや転倒も許されない

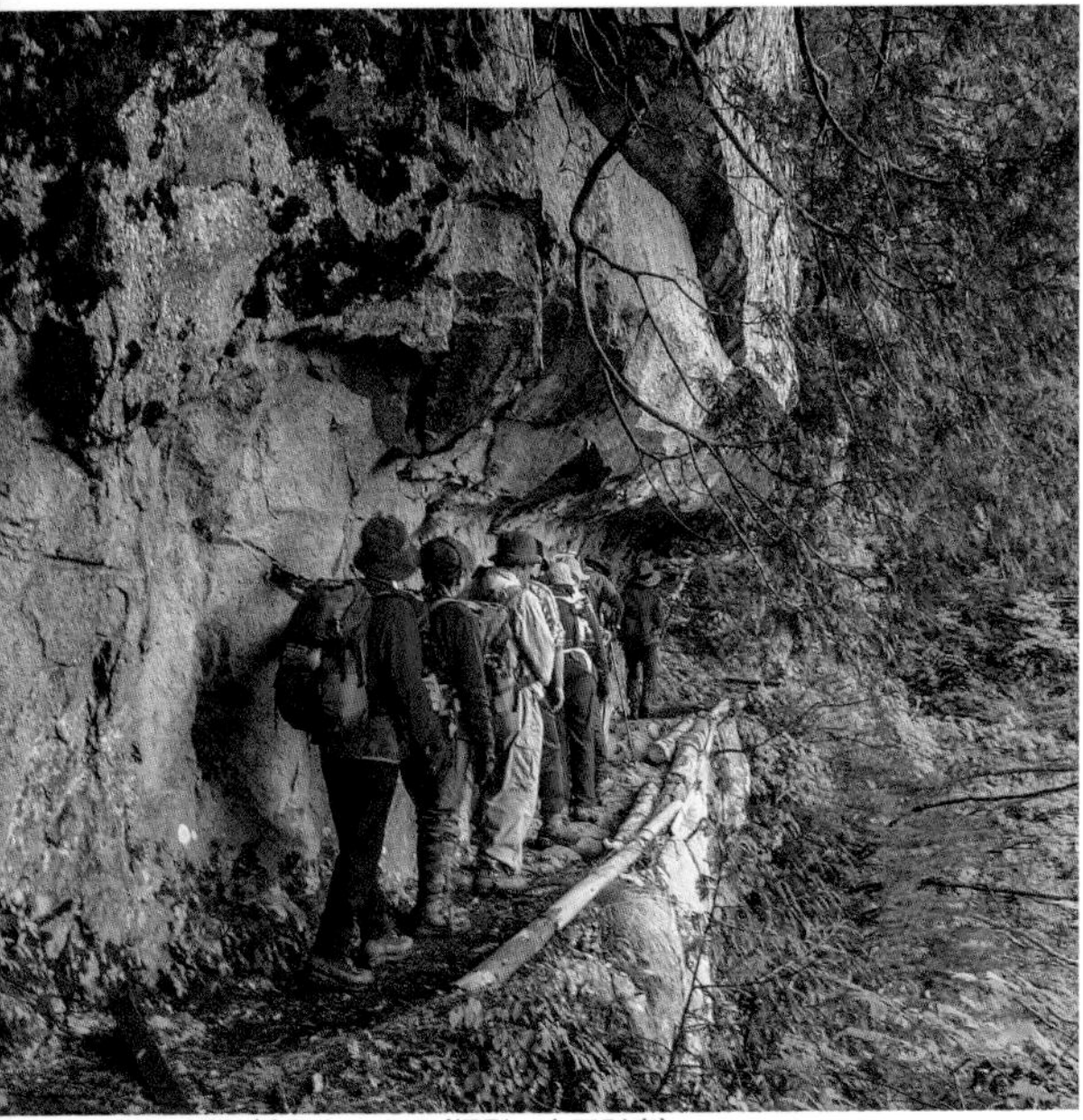

一瞬の油断が命取りになる（撮影：吉田則彦）

水平歩道《すいへいほどう》（垂直の大岩壁）

「黒部に怪我なし」。細心の注意を

阿曽原から欅平へのルートは歩行時間5時間あまり。しかし、コース途中には下ノ廊下の最難所・水平歩道がある。

登山道は折尾谷《おりおだん》、志合谷《しあいだん》を渡る。垂直の大岩壁が続く。ここは水平歩道の核心部で、一瞬たりとも気が抜けない。

谷底の黒部川まで、200メートル以上もある大絶壁が垂

折尾谷、志合谷付近の水平歩道の核心部。
霧巻く大岩壁と水平歩道

直に落ち込んでいる。覗き込むと水量を増した黒部川は、はるか下を白く渦巻いて流れ下っている。思わず吸い込まれるような錯覚に襲われる。

垂直の絶壁に刻まれた水平歩道は、高さ2メートル弱、幅わずか60センチ足らず。人ひとりがようやく歩けるだけの道で、5キロメートルほど続いている。

黒部ダム工事のはるか以前、現地調査のために、この巨大な大岩壁に人の手だけでこの道を掘り削ったのだ。その努力と執念には驚愕させられる。

下るにしたがって徐々に谷も開ける(撮影：吉田則彦)

水平歩道を抜けると欅平も真近(撮影：吉田則彦)

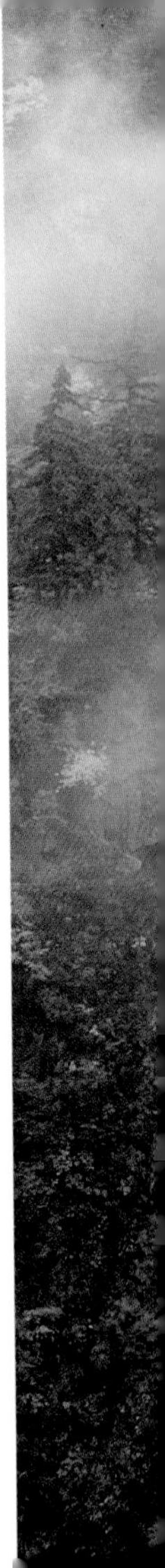

黒薙川河原の露天風呂

欅平からの登山口。観光客は立ち入り禁止

黒部峡谷鉄道の小さなトロッコ電車

欅平付近。黒部川に架かる奥鐘橋

欅平《けやきだいら》へ

黒部峡谷鉄道のトロッコ電車を満喫

最難所の水平歩道を終えると登山道は徐々に高度を下げ、黒部峡谷鉄道の欅平駅に着く。

黒部峡谷鉄道の欅平〜宇奈月間では、トロッコ電車から誰でも気軽に水と森の渓谷美を堪能することができる。

赤色や空色に塗られた黒部峡谷鉄道の鉄橋は、川から数十メートルもの高さがあり、迫力十分でスリルも満点だ。

鉄道沿いには鐘釣《かねつり》温泉や黒《くろ》

欅平近くまで下ると激流は穏やかな表情を見せる

薙《なぎ》温泉といった、かつての湯治《とうじ》湯《ば》そのものの、素朴な温泉がある。情緒たっぷりの河原沿いの露天風呂を楽しむことができる。

秘渓・黒薙川、北又谷。沢登りスペシャリストだけの世界（写真提供：大塚絹子）

黒薙川《くろなぎがわ》

黒部川流域に残された最後の秘渓

黒部川最大の支流・北又谷《きたまただん》、柳又谷《やなぎまただん》を擁する秘渓・黒薙川は、宇奈月に近い地で本流に合流する。

できれば黒薙駅で降りて、半日ほどゆっくり付近を散策したい。

古《いにしえ》の風情を残す黒薙温泉の宿と、黒薙川沿いの露天風呂、さらに黒薙川から高さ60メートルもある後曳橋《あとひきばし》を渡る赤いトロッコ電車。まるで物語の中

黒薙川に架かる後曳橋とトロッコ電車

の景色のようだ。

また北又谷は黒部峡谷でも屈指の美渓で、その谷の美しさと静寂に魅了された数少ない渓谷遡行者だけが入渓できる地となっている。

谷の状況は年ごとに変化するので、熟達者、経験者と一緒でなければ入ってはならない。

下ノ廊下の大峡谷と剱・立山連峰(右)など。
左奥には黒部ダムがあり、黒部源流の山々が聳える。阿曽原上空付近から

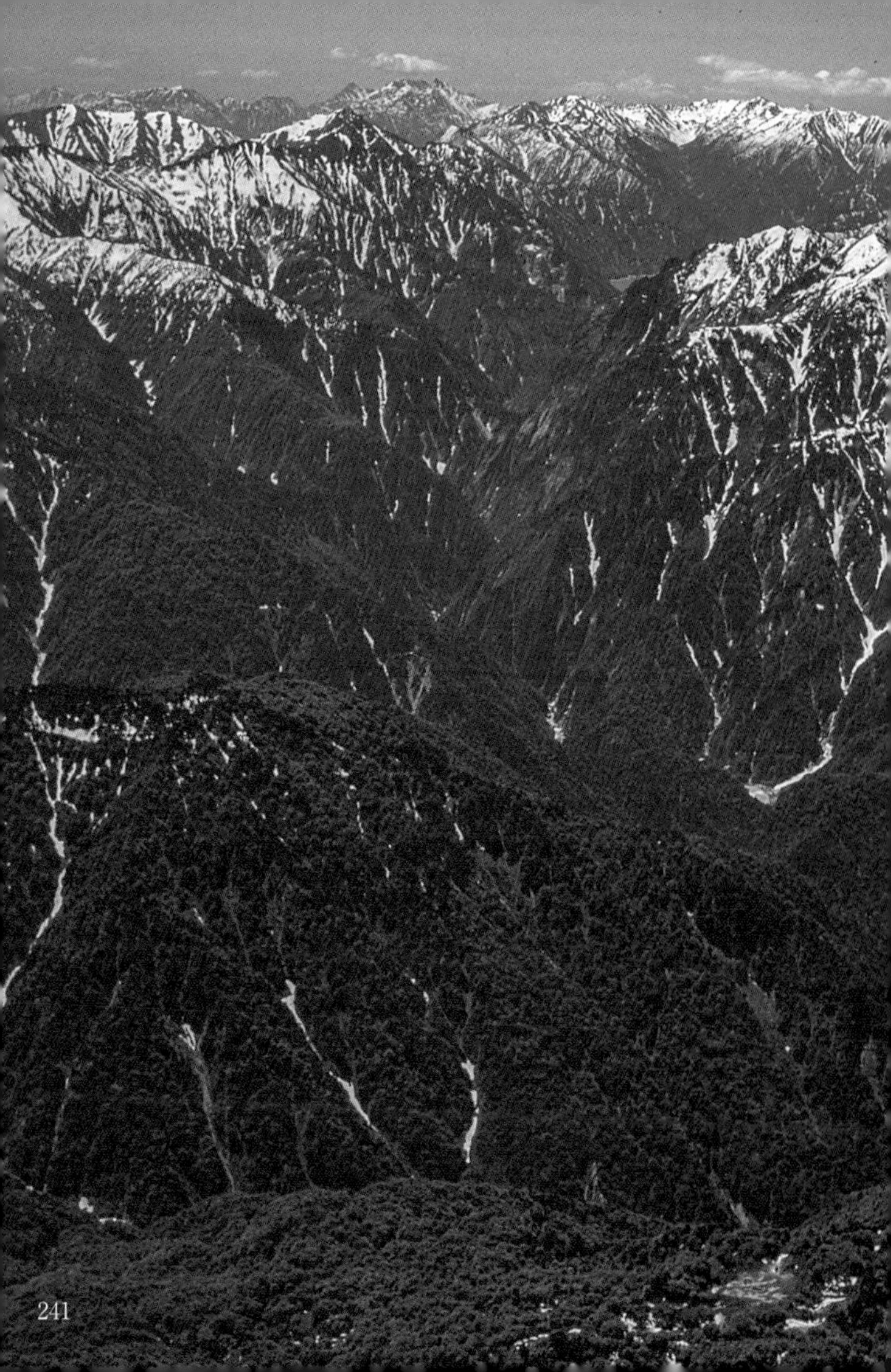

日本海《にほんかい》へ

黒部源流から85キロメートル、富山湾に注ぐ河口で黒部川は一生を終える。

これほどまでにさまざまな表情を見せ、多様な自然美を展開する川は、黒部川をおいて他にないだろう。

富山湾近くの河口夕景

黒部峡谷　自然と人

晩秋の黒部湖と黒部ダム

資料

黒四（くろよん）壮大な挑戦・世紀の大工事

「黒四」とは、「黒部ダム」で有名な関西電力の水力発電専用「黒部川第四発電所」の略称です。

くろよん会　岩見　孝之

なぜ「黒四」をつくることになったのか

黒部川の上流地域は豪雪地帯で、年間降水量3，810ミリと豊富な水量があり、急勾配で水力発電の落差が取りやすいため、日本屈指の優良な電源地帯として、大正時代から調査が行われ、下流から順次開発されて昭和15年（1940）までに、日本電力（株）（大阪市）により黒部川第三発電所（黒三）までが建設されました。

「黒四」地点は、大水量、高落差の有望な開発地点として、その頃から注目されており、その構想は日本電力（株）から日本発送電（株）に引き継がれ、太平洋戦争のために中断しました。戦争終了後、計画は、昭和26年（1951）、電力再編成により発足した関西電力（株）に引き継がれました。

戦後、日本経済の復興にともない、全国で電力の需要が急激に増加し、特に関西地方では電力の供給が追いつかず、発足当時の関西電力は、家庭の停電や工場の電休日が発生するほど深刻な電力不足になっていました。

その頃、出力調整がしやすい水力発電所が不可欠で、大ダムによる大貯水池方式で大出力のものが必要でした。「黒四」は、それに最も適した絶好の計画でした。また「黒四」計画の実現は、建設関係者たちの夢だったのです。

関西電力は、調査、研究をすすめ、最終的に、ダムの方式は、建設期間が短くて経済的なアーチダム、高さ186メートル、発電所は完全地下式、資材輸送は、長野県大町市から北アルプス後立山連峰にトンネルを掘る大町ルート、掘削・運搬などの土木機械は、外国の新鋭大型のものを使用して建設期間を短縮する、という建設計画がまとまりました。

大プロジェクトへの決断

「黒部では怪我せず（転落すれば死亡）」と言われた峻険な地形、冬の豪雪、雪崩、寒冷という厳しい気象条件、自然環境保護のための法律の厳しい規制、わが国土木建設史上かつてない大工事を計画期限内にやりとげるだけの技術力、当時の関西電力の資本金の3倍を超える巨額の工事資金の確保、などいくつもの困難が重なっていました。しかし一刻も早く工事に着手しなければならない情勢であったため、関西電力の初代社長・太田垣士郎《おおたがきしろう》氏は、大正時代から長年夢見てきた世紀の大プロジェクト「黒四」の建設を、社運を懸けて実現させる決意をしたのです。

建設工事のあゆみ（※市町村名などは当時の名称）

○昭和31年（1956）●7月／着工　長野県大町市に建設事務所本部、富山県宇奈月町に宇奈月支所を開設　●8月／大町ルート道路建設、各トンネル掘削開始　●12月／仙人谷・作廊谷やダム地点で厳しい冬営作業に入る

○昭和32年（1957）●5月／関電トンネル破砕帯《はさいたい》に遭遇　●12月／関電トンネル破砕帯突破（延長80メートル）

○昭和33年（1958）●2月／関電トンネル貫通（5.4キロメートル）

○昭和34年（1959）●2月／黒部トンネル貫通（10.2キロメートル、掘進日本新記録）

○昭和35年（1960）●10月／黒部ダム湛水開始（この時ダムの高さ120メートル）●11月／地下発電所、変電所、開閉所完成

○昭和36年（1961）●1月／1、2号発電

機運転開始（ダムを建設しながら発電）

○昭和38年（1963）●5月／黒部ダム完成 ●6月／黒四建設工事竣工式（ダムで964発の花火打ち上げ）

「黒部ダム」のあらまし（貯水池は「黒部湖」）

●位置／富山県中新川郡立山町 ブナ坂外11国有林 ●型式／アーチ式ドーム越流型コンクリート造り。貯めた水の圧力を両岸の山で受け止める方式で、重力式のダムに比べてコンクリート量が少なく、建設期間が短いため、経済的。黒部ダムは、アーチダムの中でも最も進歩したドーム型で、お碗を縦に割ったような形をしており、その優美な曲線は、黒部峡谷の大自然に調和。 ●高さ／186メートル（国内1位）●長さ／492メートル ●堤頂幅／8.1メートル ●堤体積／158万立方メートル ●総貯水量／約2億立方メートル

「黒四発電所」のあらまし

●位置／富山県黒部市 黒部奥山国有林東谷（鹿島槍ヶ岳の北西）●型式／地下式 鉄筋コンクリート造り（壁・天井は湧水処理で二重構造）●大きさ／幅22メートル、高さ33メートル、長さ117メートル ●発電力／最大時335,000kW／h（発電機 4台）

《発電所などを地下にした理由》

＊中部山岳国立公園の自然環境を保全する

＊積雪、雪崩など冬期の厳しい自然条件から設備を守る ＊構造物の配置を自由にきめて、外部の急峻な地形に関係なく、安全で経済的な設計、施工ができ、冬も休まずに工事ができる

●総工事費／513億円（当時）●延べ労働人員／1,000万人 ●殉職者／171名（転落事故が最も多く、次がトンネルの落盤）

《国の建設許可条件の主なもの》

〈黒部ダムからの放水（峡谷の景観維持）〉

黒部川の流水量を確保するため、毎年6月26日から10月15日の間、昼間だけ、毎秒10～15トン放水しているものです。河床が滝壷のようになってダムの安全性を損なうことのないよう、霧状にして出しているため、素晴らしい景観になっています。また、黒部湖には遊覧船「ガルベ」が運航されています。

●工事用道路を国立公園の利用に供すること

●扇沢～黒部ダム間に、関電トンネル電気バス（愛称eバス）を運行

ダム付近は急峻で駐車場がないため、排気ガスが出ない、環境に配慮した電気自動車として、昭和39年（1964）から関電トンネル無軌条電車（トロリーバス・愛称トロバス）を運行していましたが、令和元年（2019）から、同じように環境にやさしい、トロバス以上に高性能の電気バスが採用されました。

●登山者のための旧日電歩道を毎年整備し、維持管理

ダムから下流へ仙人谷ダムまでの黒部川左岸沿いに、日本電力が調査、測量のために開削した16・6キロメートルの歩道（旧日電歩道、幅約80センチメートル）を、登山者などが通行できるように、関西電力が毎年整備・維持管理しています。安全に通行できるのは秋の一時期だけです。下ノ廊下と呼ばれる景勝地で、白竜峡、十字峡、S字峡などがあります。

ダムで水没した登山道路は、ダムから上流へ東沢まで15キロメートルの代替歩道を設置し、これも関西電力が毎年維持管理しています。

《世紀の難工事》

関電トンネル破砕帯

黒四建設工事の大動脈となる関電トンネルの開通が最も急がれていましたが、昭和32年5月、大町側から1、691メートルの地点で、毎秒

660リットル、セ氏4度の冷たい地下水と、大量の土砂が噴き出してくる軟弱な地層「破砕帯《はさいたい》」にぶつかりました。掘削作業が不可能となり、黒四建設工事は絶望的、関西電力は経営の危機とまで言われました。

トンネル工法の専門家の知識、経験を集め、あらゆる土木技術の知恵を結集して、対策、苦闘7ヵ月、ようやく12月に破砕帯を突破しました。破砕帯突破のニュースは、日本全国に報道され、**記録小説『黒部《くろべ》の太陽《たいよう》』で紹介されてベストセラーになり、石原裕次郎主演の映画『黒部の太陽』に描かれて大ヒットしました。**

立山越えの資材運搬

関電トンネル開通まで待っていては工期に間に合わないので、大勢のボッカ（歩荷《ぼっか》、登山のときなどに荷物を運ぶ強力《ごうりき》のこと）たちが、80〜100キログラムの重荷を背負って立山を越え、索道や木馬道《きんまみち》も利用しました。

対策整備して冬営作業

冬期も、作廊谷からの黒部トンネルの掘削工事と地下発電所付近の工事が行われ、工事初年度は、トンネル内で約600名が5ヵ月の穴居生活を行いました。対策を整備して冬営作業を進めました。2年目以降は、それぞれに鉄筋コンクリート宿舎が建設されました。

ヘリコプターの挑戦

峻険な峡谷の工事現場から負傷者や病人をどうやって運び出すか、3,000メートル級の北アルプスを越えられるのか、切り立った峡谷、冬の天候の中で飛行や離着陸ができるのか。そして、秘境での越冬現場と外界を結ぶ唯一の足として、ヘリコプターが緊急要員、緊急器材や郵便、新聞、生鮮食品の輸送に活躍しました。

ダムの設計変更

黒四工事では、建設資金として世界銀行から3,700万ドル（133億2千万円）を借り入れていました。昭和34年12月にフランスのマルパッセのアーチダムが崩壊して大災害が起きたため、不安を抱いた世界銀行は、昭和35年5月に顧問団を黒部ダムに派遣して視察を行い、ダムの高さを150メートルにするように勧告してきました。36メートルもダムを低くすると、貯水量、発電能力が大幅に下がるため、黒四計画は成り立たなくなるので、絶対に譲れないことでした。

関西電力は、このため同年8月に渡米し、世界銀行顧問団と渡り合って勧告撤回を求め、ダムの高さ186メートルが維持されることになりました。しかし、先方の要求も受け入れて設計変更などを行い、現在、黒部ダムの左右両側、鳥の翼のような形の部分は、ウイングダムといって重力式のダムで、この時に変更されたものです。

《地元・大町市との協定》

＊工事専用道路（北大町〜扇沢15・8キロメートル）は、工事終了後、大町市へ無償譲渡され、現在県道「大町アルペンライン」として、黒部ダムを訪れる観光客に利用され、国の工事許可条件である「国立公園の利用」に供されています。

《黒四建設工事が残した無形の資産》

黒四という大プロジェクトが成功しましたが、関西電力では、関電トンネル破砕帯に対して全社一丸となって挑んだ不屈の精神と連帯が、「くろよん魂」として今も脈々として受け継がれており、建設会社各社においては、いろいろな貴重な経験が、土木技術の飛躍的な向上をもたらし、また困難に立ち向かう勇気と自信が、その後の国内、海外の各現場において引き継がれています。

工事にかかわった人たちは、達成感と誇りを持ってそれぞれの道へ進んで行きました。関西電力では、工事に従事した人たちが「くろよん会」という会をつくり、建設会社各社も、現場関係者が組織をつくって、現在もそれぞれに集まって当時を偲び、思い出を語り合っています。

冠《かんむり》松《まつ》次《じ》郎《ろう》と黒部

「黒部の父」と呼ばれた開拓者

荒川　久治

冠松次郎は、明治16年（１８８３年）2月4日、東京都文京区本郷4丁目に生まれた。

明治35年頃（20歳前後）から山登りを始め、富士・日光・奥多摩の山々を歩いていたが、日本アルプスへ入ったのは明治42年（26歳）からである。

上高地・穂高連峰・槍ヶ岳・常念山脈・白馬岳・立山・剱岳・薬師岳などを踏破し、のちに生涯をかけることになった黒部流域へ踏み入ったのは、明治44年（28歳）のことである。そして、大正7年（35歳）に立山から御山谷《おやまだん》を下り、登山人の入らなかった黒部川の平《だいら》から御前谷《ごぜんだん》を探り、タンボ沢を立山に登り室堂に出ている。更に、大正9年8月（37歳）には大山村の宇治長次郎とともに初めて下ノ廊下に入った。平から御山谷、御前谷の落口を通り、内蔵助谷《くらのすけだん》落口から下ノ廊下に入って黒部別山中央下の大ヘツリを越し、廊下の壁をはい登って岩小屋沢岳の支脈にとりつき、風雨の中を扇沢経由で大町に出て帰った。

大正11年（39歳）には下流から溯り、欅平《けやきだいら》から道のない黒部を縫って難航の末ようやく仙人谷の落口に辿り着いたが、南仙人の大山壁に拒まれ、内蔵助平・黒部別山・立山を経由して室堂へ抜けている。

大正13年（41歳）には双六谷から入って黒部川を下り、上ノ廊下から平に出ている。

そして遂に下ノ廊下完溯の夢を実現したのは大正14年8月（42歳）のことである。コースは三日市から入り、欅平・仙人谷落口まで、立山側を辿り、東谷で吊橋を渡って後立山側にうつり、作廊越えをして棒小屋の小屋場に乗越し、ザイルを使って壁に道を拓き、右岸を十字峡まで溯っている。この当時、左岸には人の踏跡もなく、道が拓かれていなかったのである。一行は更に十字峡から棒小屋沢の滝を横切り、渓側を廻って神潭《かみぶち》に入り、さらに右岸通しをヘツリ(横にはい伝う)、徒渉と高捲きを続けながら白竜峡に至っている。そこからは高廻りとザイルによる壁の下降によって白竜峡の上手から廊下の徒渉点を立山側にうつり、谷をからんで新越沢落口から内蔵助谷の落口を経て御前谷・御山谷の落口を通り、ようやく平に辿り着いている。

この時の同行者は日本山岳会員の沼井鉄太郎、岩永信雄、それに宇治長次郎らの「山の人」であった。その黒部本流探勝は『黒部』(昭和5年、第一書房)によって発表され、『現代日本紀行文学全集・山岳編(下)』(昭和51年、ほるぷ出版)の「黒部峡谷完溯記—下ノ廊下の巻—」に記されている。

沼井鉄太郎はそれ以前に大町から東谷を下って本流右岸の棒小屋の小屋場に出て、更に上流に向かって溯ったが、準備不足と水量が多かったこともあって目的を達せず、愛惜の念を抱いて大町へ引きかえしたという。一方、冠松次郎も上流の平から内蔵助谷などを経て下ノ廊下に入り、この地点を探ろうと試みたが、大雨と食料欠乏のため途中で止め、後立山を越えて大町へ下山してしまった。以来7年の歳月を経ての下ノ廊下完溯という快挙であった。彼らはこの日、天候と減水の好機に恵まれ、さらに勇敢な山の人たちの協力によって成し遂げることの出来た完溯の喜びを「十字峡」という命名によって、天下にその名をとどろかせた。冠松次郎42歳の時のことである。

冠松次郎は登山家であるとともに随筆家とし

ても知られ、昭和45年、87年の生涯を終えるまでに30冊の著書をのこしている。昭和3年7月発行の『黒部谿谷』(アルス)の自序で冠は「日本で山水の雄大壮麗を語らんとするものは、まず山では立山群峰、谷では黒部谿谷に行かねばならないと私は信じています。立山程、形の優れた氷雪の美しい奥行のある群峰、黒部川程豪決な変化に富んだ谿谷は恐らく日本では他に之を求むることは出来ないと思っているからであります」と述べている。

彼がそれ程までに傾倒し、生涯をかけて探り歩いた黒部渓谷とは一体どのような魅力を秘めていたのであろうか。彼の新版『黒部渓谷』の「御山谷」文中にその一端をのぞいて見よう。

「山々の大観にやや疲れた私の視線は、自然と脚下に漲る積翠の懐に憩いを求めた。そこにはまだ見たこともないような鬱々とした大森林が、立山から後立山に亙って、深い大きな谷底を埋めていた。

……するとその濃密な積翠の底に、僅かばかりの岩壁の間隙を、たった一筒所、琅玕の碧玉に似た、真青に光っている水の淀みを見つけて、私の胸は躍った。よく見ると、その青い水は白泡を立てて動いているではないか。……それは、私の初めて見た我が黒部の明眸であった」

一般に、この文章から推測して、立山大汝の峰の項上で黒部に魅せられた冠が、この時以来そのとりこになってしまったというのが通説とされてきた。

しかし、これはあまりにも表面的なとらえかたであり、彼が生涯をかけて探り続けたものを語るには不十分であると指摘する人がいる。それは西垣鼎という編集者(春秋社)である。

「冠さんの文章は決して洒落た書斎なんかで書

かれたものじゃない。山の憶い出のものを前に置いて、追憶に浸りながらロマンチックな気持で書かれた文章ではないんです。冠さんの山や渓との取り組みはすべて彼の信仰から生まれたものといっていいんです」。冠の登山は冠の宗教であったと説くのである。

『渓《たに》』（昭和37年、筑摩書房）の巻末に、冠という姓名談議が載っている。冠家は800年から1000年も続いている旧家で、鎌倉時代には日蓮上人ゆかりの宗徒として知られ、法華宗を続けてきたが、何時の頃からか浄土真宗に改宗したという。冠は若い頃から学問好きで、日露戦争前後に青春時代を送り、思想界の動揺の激しい時代をわたった。人生を論じ、自然主義の擡頭という時代の背景をうつして、生と死の谷間に悩み、複雑な家庭事情と家業（質店）の辛さも加わってか、道元禅に強く惹かれ、曹洞禅の名刹芝・青松寺に鷲尾順敬師をたずねて教えを受けたという。そこで人生の指針を得、鷲尾師が永平寺の貫主として越前に赴くと、それを機に北陸路へ足を運ぶことが多くなったようである。北に暗雲垂れこめる日本海の荒海に目を奪われ、南の天空に万年の白雪をいただく立山の迫りくる群峰に感動した若き冠は、越中路に立って一瞬死の予感に浸ったこともあったのではなかろうか。しかし、そこで意を決して、自分の心を、自分の身体を高山深谷に投入し、自然に向かうことで生と死の悩みに立ち向かい、師の教えによって得た人生観を証すべく、人生そのものを投入することを決意したのである。ちょうど期を同じくして電力開発がはじまり、秘境への足がかりを摑んだ彼は、立山の芦峅寺《あしくらじ》に住む初代佐伯平蔵、大山の宇治長次郎、それに宮本金作ら「山の人」たちの協力を得て立山山塊を目指したのであった。

参考文献

『黒部溪谷』 冠 松次郎 朋文堂新社

『渓(たに)』 冠 松次郎 中央公論新社

『山の紋章　雪形』 田淵行男 学習研究社

『黒部川』 村上兵衛 関西電力株式会社

『黒部の太陽』 木本正次 講談社

『高熱隧道』 吉村 昭 新潮社

『黒部渓谷——岩橋崇至写真集』 山と溪谷社

『劔・立山連峰』 星野秀樹 山と溪谷社

『黒部峡谷』栗田貞多男 朝日新聞社

『黒部』 志水哲也 山と溪谷社

『黒部へ』志水哲也 白山書房

『黒部』栗田貞多男 信濃毎日新聞社

『日本の屋根』 栗田貞多男 世界文化社

後立山連峰・鹿島槍ヶ岳の向こうに朝日が昇る。
立山・雄山山頂から

写真・取材協力者

荒川　久治	伊久間幸広	市川　滋彦	市川董一郎
伊藤　　圭	岩見　孝之	内田　杉雄	大塚　絹子
柏原　　清	片平　俊介	神田　節子	粜田　義秀
小林　俊雄	小林　宣広	武田　芳彦	竹村多位司
田村　宣紀	野口　一男	野澤　優太	船山　晋一
星野　吉晴	町田　和義	松尾　雅子	椕本　一男
村田　英之	吉田　則彦		

※本書には、2013年刊『日本の屋根』（世界文化社）、2009年刊『黒部』（信濃毎日新聞社）、1986年刊『黒部峡谷』（朝日新聞社）の内容の一部を再使用している箇所があります。

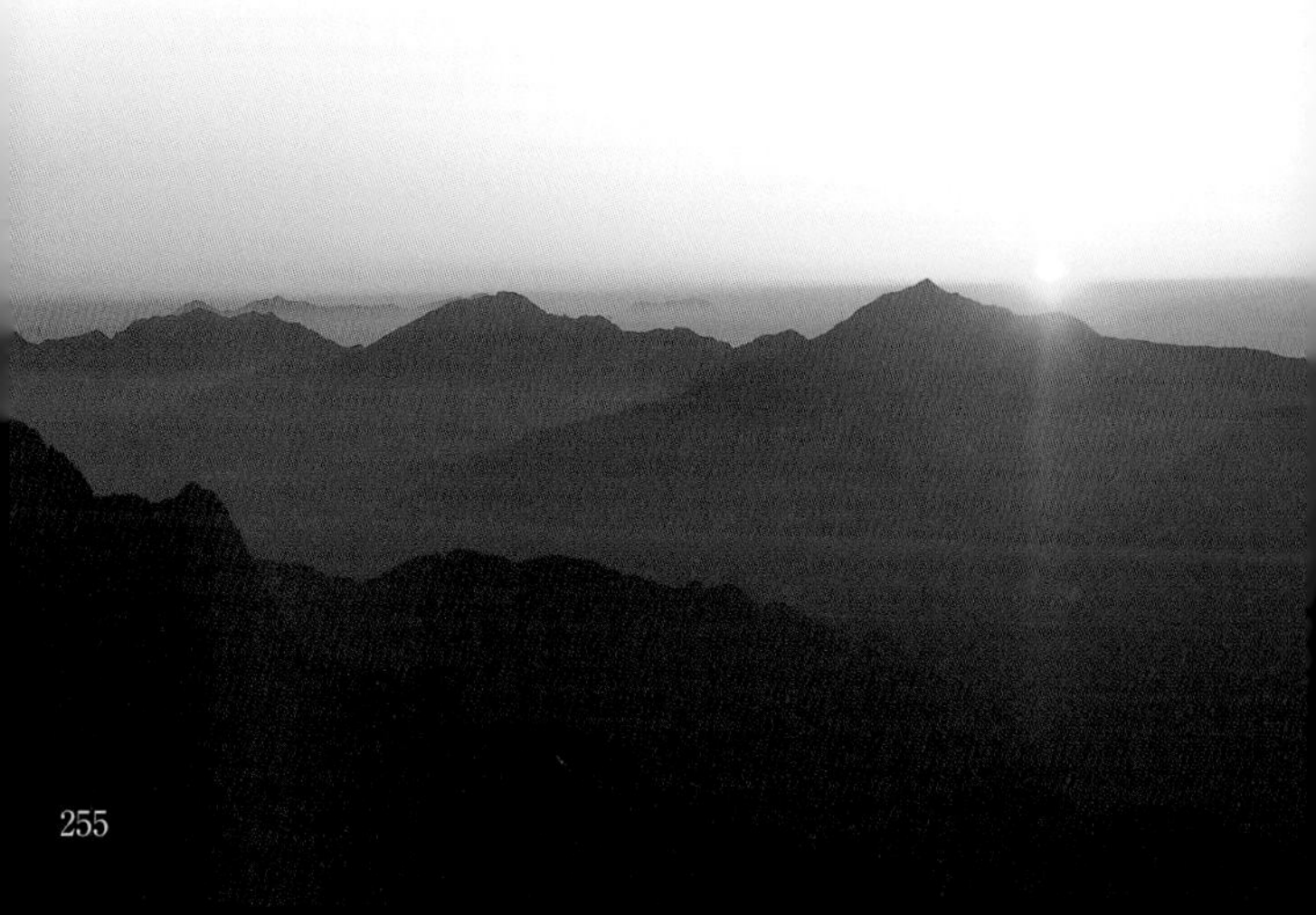

◎ 構成・AD・本文デザイン：栗田貞多男、宮澤沙耶香
◎ ロゴマーク デザイン：mogmog Inc.
◎ 編集：桒田義秀（株式会社世界文化ブックス）
◎ 校正：株式会社円水社
◎ DTP：クリエイティブセンター、株式会社明昌堂

モン・ブックス Mont Books
岳人憧れの秘境
黒部源流と大峡谷を行く

発行日：2023年6月15日　初版第1刷発行

著者：栗田貞多男
発行者：竹間 勉
発行：株式会社世界文化ブックス
発行・発売：株式会社世界文化社
〒102-8195 東京都千代田区九段北4-2-29
電話 03（3262）5129（編集部）　03（3262）5115（販売部）
印刷・製本：凸版印刷株式会社

ISBN 978-4-418-23211-6